□   与中华人民共和国国务院原副总理曾培炎合影

□   在世界经济论坛中国企业高峰会上，与世界经济论坛主席克劳斯·施瓦
布亲切合影

□ 在意大利与世界著名时装设计师乔治·阿玛尼先生亲切合影

□ 在上海科恩集团总部，接受著名主持人杨澜的采访

□　在英国考察期间，与伯明翰城市大学商学院原副院长布莱恩·安德森
教授亲切合影

□　在上海与英国格林威治大学技术交流签约仪式上，与格林威治大学原副
校长（原英国教育与就业部部长及文化部部长）泰萨·布莱克斯顿夫人亲切
合影

□　在英国考察期间，与英国北安普顿大学商学院副院长鲍勃·哈特利亲切合影

□　与教育部原副部长鲁昕合影

□　与北京语言大学原党委书记王路江合影

□　在 EEC 欧文经济学院与上海交通大学签约合作仪式上，与交大副校长
张圣坤亲切合影

□ 与外交部原部长李肇星合影

□ 全国两会期间，在北京接受凤凰卫视资讯台副台长兼新闻主播吴小莉的采访

□　在博鳌亚洲论坛 2016 年年会上，与耶鲁大学校长苏必得合影

□　在博鳌亚洲论坛 2016 年年会上，与麻省理工学院名誉校长艾瑞克·格瑞姆森合影

□　与 2016 年二十国集团工商界活动组委会副主任于平（中）及北京大学校务委员会副主任、北京大学汇丰商学院原院长海闻（右）合影

□　与中国人民大学校长助理、国际学院副院长、金融与证券研究所所长吴晓求合影

陈田忠 著

有梦就能实现

DREAM CAN

ACHIEVE

团结出版社

UNITY PRESS

图书在版编目（ＣＩＰ）数据

有梦就能实现 / 陈田忠著. -- 北京 : 团结出版社,
2016.5
  ISBN 978-7-5126-4131-0

  Ⅰ.①有… Ⅱ.①陈… Ⅲ.①陈田忠 – 自传 Ⅳ.①K825.38

中国版本图书馆CIP数据核字(2016)第103129号

出　　版：团结出版社
　　　　　（北京市东城区东皇城根南街84号　邮编：100006）
电　　话：（010）65228880　65244790（传真）
网　　址：www.tjpress.com
E-mail：65244790@163.com
经　　销：全国新华书店
印　　刷：北京艺堂印刷有限公司

开　　本：710mm×1000mm　　1/16
印　　张：15.75
字　　数：194千字
版　　次：2016年5月第1版
印　　次：2016年5月第1次印刷

书　　号：978-7-5126-4131-0
定　　价：48.00 元

序：悄然传承梦想的荣光

我曾担任中华人民共和国驻意大利共和国大使，在此期间与旅意华侨陈田忠先生合作举办过"中华盛世"主题画展，并由此结下了深厚的友谊。对于陈田忠的敬业精神，我至今记忆犹新。

陈田忠有着坚韧、刚毅的品格，且为人诚恳、谦和，尤其是他昂扬向上的生活激情和与人为善的达观品质给我留下了深刻的印象。我想他能有今天这样的成就，和这些优秀品质是密切相关的。

古语有云：穷则独善其身，达则兼济天下。在我看来，陈田忠便是这样一个杰出的华侨企业家和教育家。这些年来，他一直秉承着这样的思想醉心于教育事业，孜孜不倦地回馈社会、服务大众、奉献大众。在众多旅意华侨中，陈田忠的奋斗经历有着很强的代表性。他在面对困苦、挫折时坚韧不拔的意志和百折不回的信念更是值得当下的年轻人学习和效仿。

青年时代的陈田忠为了成就一番事业来到意大利，当时我国刚刚实行改革开放，国际地位远不如今天，中国人在国外多是艰难度日，像陈田忠这样在异国他乡孤身奋战就更是难上加难。但他并没有在恶劣的环境下自怨自艾，尽管生活艰辛，他仍勇敢地向命运发起挑战。勤奋、上进、坚韧的他，很快就融入了意大利的社会环境。之后，敢为人先的陈田忠选择了回国创业，从3000元创办的一个小小制衣作坊开始，直到今天拥有了庞大的科恩集团。一路走来，其中的甘苦也只有他自己清楚。

如果说，敢于冒险、锐意进取、艰苦奋斗的精神和过人的胆识与魄力铸就了今天的陈田忠，那么强烈的社会责任感、拳拳的爱国心，则是陈田忠从一个优秀的华侨企业家蜕变为一个优秀的国际教育家的源动力。

2009年，时值祖国60华诞，这一年胡锦涛主席应邀到意大利参加令世人瞩目的G8峰会。陈田忠提出在此期间办一个国际画展，不仅可以为祖国庆祝寿诞，也可以让世界各国人民更好地了解中国的艺术与文化。我知道，如果画展能够成功举办，无疑是在中国与欧洲之间架起了一座国际性的文化桥梁，其意义非同凡响。但我又深知这个决定十分仓促，因为用短短一个月的时间筹备一场盛大的主题画展，几乎是不可能的。但陈田忠怀着必胜的信念和决心，毅然承担起了这个责任。

在陈田忠和使馆以及国家画院的共同努力下，2009年7月3日，"中华盛世——庆祝中华人民共和国成立60周年暨中意建交39周年主题国际画展"在著名的五星级大酒店HOTEL MBASCIATORI会议大厅里隆重开幕了。现场人头攒动，热闹非常，来自世界各国的人们在惊叹中国画家高超的艺术水平之余，也被中国这个古老国度所散发出来的勃勃生机所吸引。

这次画展取得了空前的成功，不仅展示了新中国成立60年来所取得的辉煌成就，也让世界了解了中国作为一个有着五千年文明史的古国的文化底蕴，以及在改革开放的时代背景下这个古老的国度所焕发出来的勃勃生机。看着现场陶醉的人们，我知道陈田忠成功了！他在现场也异常激动，我想除了因为画展之外，更多的还是来自于一个中国人的骄傲和自豪。

与其说陈田忠是一个成功的企业家，不如说他是一个胸怀报国之志的教育家。每次跟他谈到教育，我都会被他强烈的使命感和澎湃的爱国激情所感染。

追逐梦想总要付出代价，为了办教育，陈田忠付出了很多努力，也作出了巨大的牺牲。他在中国地产业的黄金时期选择去做教育，这让很多人为他扼腕叹息。可是他从来没有后悔过，即便在学校创建的过程中遭遇了失败，经历了诸多波折，他也从来没有过一丝一毫动摇的念头。他说："为国家培养国际型人才，就是在为国家盖大厦，一个优秀人才的价值是远超过几栋钢筋混凝土大厦的！"

为了梦想而不懈地努力，这就是陈田忠选择的人生。在我看来，他就是当代的"陈嘉庚"。陈嘉庚先生根据我国当时的国情，实践了"强国教育"的理念，而陈田忠也是从我国当代国情出发，首次将英式教育模式引入中国，为中国培养了大量的国际型人才，他是当之无愧的教育家。

今天，我有幸看到了他的个人传记《有梦就能实现》，朴素的文风，真挚的感情，拳拳的爱国之心与报国之志，让我感动万分。这不只是一本传记，而是陈田忠萃取了自己的人生精华与读者分享的成功经验与人生哲学。

有梦就能实现，绝不是一句空洞的口号，陈田忠之所以能成功，就是因为他践行了这条真理。亲爱的读者，看到今天的陈田忠你就知道，陈田忠可以做到的，你一定也可以做到，你的梦终有一天也会成为现实。穷困时要有坚韧不拔的精神，勇往直前的斗志，不为外界力量左右的坚定信念；发达时要勇于肩负责任，成就大爱的人生。当你读懂了这本书的精神内涵，你就能复制陈田忠的成功之路！

　　我在这里真诚地向大家推荐这本《有梦就能实现》，希望这本书能激励千千万万的中国青年，勇于追求自己的梦想，活出精彩绚丽的人生！

　　同时，祝愿这本《有梦就能实现》在经历时间长河的淘洗后，依然能够暗香如故，悄然传承着梦想的荣光！

目 录 ▼ **Contents**

第一章

寻梦意大利

一个人无论在任何时候，多付出一点儿，多帮他人做一点儿事情，总是好的，命运向来都很公平，你真心付出，生活迟早会以你意想不到的方式给你回报。

初到罗马的艰难岁月

　　1980 年的深秋，一架银灰色的客机冲破了清晨的迷雾，缓缓降落在罗马的菲乌米奇诺机场。那一刻，我正坐在这架客机上一个很不起眼儿的角落里。飞机在跑道上快速地滑行，窗外，一幅幅流动的风景在眼前闪过，让我来不及辨认，也来不及思考。

　　"意大利，我来啦！"坐在我旁边的人兴奋地喊出了声。

　　是啊，意大利，我终于来了！一股莫名的激动在我心里慢慢地涌动、升腾，我知道那是梦想积蓄的能量。辗转奔波了 30 多个小时后，我终于来到了这个梦想开始的地方，我的未来即将在这里展开，是光宗耀祖还是一事无成？是衣锦还乡还是无功而返？从这一刻起，伴随着心脏的紧张跳动，一切正式拉开了帷幕……

　　背上行李，我迫不及待地走出机舱，天已经亮了，迎面扑来的带有几分凉意的秋风让我精神大振，我深深地吸了一口气，坚定地向出口走去。过海关时，一位工作人员示意要检查我的行李箱，我用钥匙把箱子打开，他把箱子里摆放整齐的物品从上到下翻了个遍。虽然没有找到违禁物品，但他还是没有要放行的意思。看着一个个顺利过关的乘客，我的心里有些着急和不知所措起来。偶然间，我瞥见有的旅客给工作人员塞了点儿小费，连箱子都不用打开就被放行了。我这才明白了他不放行的原因，但那时我身上没有多少钱，于是就顺手从箱子里拿出一块香皂塞到他的手里，原以为他并不会在乎一块香皂，没想到他却欣然接受了，然后大方地用粉笔在我的行李箱外壳上画了一个大大的"OK"——这就算是给我放行了。

走出机场通道，出站口处站满了接机的人。在一堆罗马字母的牌子中间，很快我就看见了一块用汉字歪歪扭扭地写着"陈田忠"的牌子。举牌的是一个体形稍胖、四十多岁的中年男子，他正不停地向出口张望着，我想他一定就是和我交接货物的李叔了。我赶紧朝他挥手，他也看见了我，放下牌子腾出一只手微笑着向我挥了挥，我疾步走上前去，深深地鞠了一个躬，问道："您是李叔吧？我是陈田忠。"

"小陈啊，可把你盼来了！"李叔说着，兴奋地握住了我的手。

简单地寒暄之后，带着初来罗马的兴奋和顺利见到李叔的喜悦，我迈着轻快的脚步走出了机场大厅。

此时，太阳已经升起来了，抬头看看机场周围，雄伟的建筑给人一种透不过气来的压迫感，来不及仔细地看看意大利的机场，我就紧随李叔上了车，赶往我们的目的地——货运部。

到达货运部时，从飞机上卸下来的货物堆了一地，显得杂乱无章。李叔填完了单子，提出货物，之后便一直沉着脸，还不住地抬手看表。又等了一会儿，似乎是按捺不住心底的火气了，他气愤地对我说："你瞧瞧，这帮兔崽子，这都几点了，还不过来！这货可怎么办啊？"

我知道他指的是搬运工，便赶忙安慰他："您别生气了，要不这样，我来搬，您来清点吧！"

"这怎么行呢，坐了 30 多个小时飞机，你也累了……"李叔面带难色地说。

"没关系，您就别客气了，我年轻，有的是力气，再说这些货物堆在这里也不是办法。早一点儿跟您交接清楚，我也就早一点儿交差。"说着，我卷起袖子就开始搬货。

"唉……那就辛苦你了，小陈！"见我已经开始干活了，李叔便拿出对货单清点起货物来。

这批货的数量很多，而且只有我一个人搬，不大一会儿，我就感到腰酸背痛，胳膊也抬不起来了，双腿像灌满了铅一样，额头上的汗不时地顺着脸颊流下来，有的流到眼睛里，蛰得我的眼睛生疼。我咬紧牙关，抱着箱子继续往前走，走一步，就用膝盖顶一下——防止箱子滑落下来。每放下一只箱子，我就赶紧抬起袖子抹去脸上的汗水，然后再接着搬。李叔好几次都劝我歇一会儿再搬，可看着满地的货物，我只是摇摇头，一刻也没有停下来。

就这样，从早上一直忙到中午，终于将最后一件货物搬上了货车，而我整个人几乎累瘫在地上了。但我没有抱怨，更没觉得委屈，因为我知道，这里是罗马，是我背井离乡来寻梦的地方。我要抓住任何机会，这是我唯一的选择。

看着大汗淋漓、气喘吁吁的我，李叔感激地说："小陈啊，今天多亏了你，真是辛苦你了！"

我笑着说："您别客气，这点活儿难不倒我的！再说临行前表哥千叮咛万嘱咐，让我务必把这批货交到您手上，这点活儿也是我应该做的。"

看到我故作轻松的样子，李叔欣慰地笑了笑，然后又意味深长地对我说："好啊，小陈！我就喜欢你这样能吃苦的年轻人，不但勤奋，还很乐观，年轻人就该这样。现在你的任务完成了，打算什么时候回国啊？"

听到李叔的表扬，我心里乐滋滋的。但经他这么一问，我还真不知道该如何回答了，一种复杂的心绪萦绕在我的心头。我抹掉额头上的汗水，有点儿不好意思地瞅了瞅地上的行李，吞吞吐吐地说："其实……这次来，我就不打算回去了……"

听我这样说，李叔的脸上先是流露出了一丝惊讶，但他马上就明白了我的心思，"你这小鬼！"他笑着说道，"不过这样也好，国外机会到底要比国内多些，发展空间也比较大，我看你这小伙子很不错，将来一定会做出一番事业来的！"

听到李叔的鼓励，我的心里一下子充满了力量。从决定来罗马的那一刻起，我就已经下定决心，不在罗马闯出一番事业来，绝不罢休！

"小陈！我要走了，要不要顺路把你捎到罗马市区啊？"李叔扶着车门，问道。

"好啊！真是太好了！我正愁不知道怎么去呢！"我兴奋地说道。

车子在宽敞的罗马大道上疾驰着，一个多变的罗马开始逐渐清晰地展现在我的眼前——整个城市都显得空荡荡的，到处都是破败的雕塑、建筑，呈现出一派萧条、凄冷、荒无人烟的场景……

"这难道就是我要来的罗马？"我心里嘀咕着，"不是说罗马很发达吗？怎么会是这个样子？难道我费了这么大的劲儿，就为来这么一个破地方？"我有些失望和沮丧。随着车子向前飞驰，不一会儿，眼前的景观忽然变了：高耸入云的摩天大楼、川流不息的豪华轿车、五颜六色的广告牌、美轮美奂的雕塑、衣着光鲜华丽的人群……这飞速的轮转让我觉得恍如梦境一般，不愧是意大利的首都！不愧是欧洲最美丽繁华的城市之一！有人说欧洲处处都是购物天堂，意大利就是"天堂中的天堂"，而罗马就是"天堂中心的中心"！

"罗马是世界上服装业最发达的城市之一，它的时装在全世界都首屈一指，这里的玻璃制品、皮具也都享誉世界。"也许是李叔揣摩出了我的心思，每到一个地方他都耐心地给我做一番介绍。

车经过一处的时候，李叔指着对面说："那就是波尔哥尼奥纳街了，你以后有时间应该好好去逛逛。"

透过挡风玻璃，我远远地看到邻街商店的橱窗里摆放着许多造型奇特的工艺品。

一路上，李叔不停地给我介绍周围的建筑，我的眼睛就随着他的介绍来回变换着方向。"小陈你看，那就是被誉为世界八大奇迹之一的古罗马露天斗兽场，是古罗马帝国的象征。"

顺着李叔的指引，我看到了那座椭圆形的建筑，虽然是颓垣断壁，但依然彰显着罗马帝国昔日的庄严，真不愧是一座让人震撼不已、灵魂都会升腾的建筑！

"有机会你可以去看看，假如人的一生必须要看一些地方的话，罗马一定会是其中之一！"李叔颇为兴奋地说。

不知过了多久，车子缓缓地停了下来，李叔看着我说："小陈，一会儿我就要岔到另一条路上去了，我看你就在这儿下车吧。处理完这批货，我也要离开罗马了，未来的路就靠你自己了，祝你一切顺利！"说完，他从口袋里面掏出了一卷意大利纸币。"这些钱你拿着用吧，一个人出门在外不容易，在这个地方，没有钱是不行的，尤其是作为一个初来乍到的外国人。"

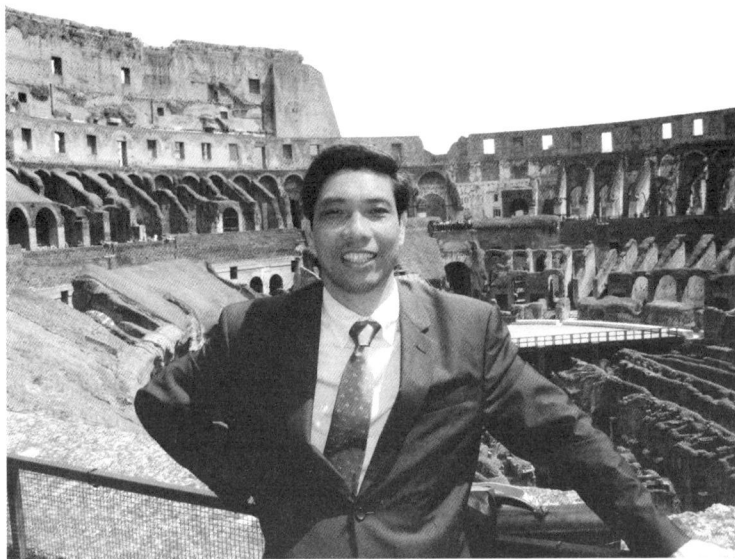

□ 岁月磨砺，我再难回到从前，罗马斗兽场却一如当初的雄伟

我赶紧推辞说："这怎么能行呢，这钱我不能拿！"

李叔摇摇头，微笑着，硬把钱塞进了我的手里："这些钱原本是要付给那些搬运工的，没想到他们会爽约，今天多亏了你，所以这些钱也是你应得的。再说也省得你马上去兑换外币了——在这里即便是买根冰淇淋也得用里拉，直接用人民币可不行。"

"小伙子，后会有期吧！"李叔微笑着向我挥手。

我手里攥着钱，心里感觉暖暖的。"李叔，谢谢您！"我朝李叔说道。现在想来，这笔钱真的是我来到罗马的第一笔"意外之财"，后来在我最艰难的时刻，这笔钱的确帮了我的大忙。**由此我更加坚信，一个人无论在什么时候，多付出一点儿，多帮他人做一点儿事情，总是好的。命运向来都很公平，你真心付出，生活迟早会以你意想不到的方式给你回报。**

李叔的车绝尘而去，逐渐消失在我的视线里。我回过头来望着繁华甚至可以说是奢华的罗马城，心里忽然感到空落落的。来来往往的人群中，没有一个我认识的人，也没有一个可以听懂我说话的人；抬起脚，我甚至不知道自己该迈向哪里。一股残酷的孤独感忽然迎面扑来，此时此刻我才深深地体味到什么叫作"异国他乡"，什么叫作"举目无亲"。我感觉自己的眼睛酸酸的，可是我不想让眼泪掉下来，我用力甩甩头，对自己说："陈田忠，你来罗马是要干一番事业的！家乡的亲人还在等着你，你没有别的选择，一定要争气！"

我沿着宽阔的马路向前走去，突然，我的肚子"咕咕"地叫了起来，我这才想起来，从下飞机到现在，我一整天还没吃东西呢！环顾四周，我发现这里所有的商铺都大门紧闭，店内也不见灯光和人影。

"奇怪！"我心想："这么繁华的城市怎么没有店铺营业呢？想买个面包都买不到，真是见鬼了！"——直到后来我才从其他华侨那里知道，在罗马，周六和周日商店都会歇业。

我沿着马路往前走着，此时的我已经是饥肠辘辘、口干舌燥了。俗话说："饥饿易忍，口渴难耐"，嗓子冒烟的那种感觉实在让人难以忍受。

也不知道走了多久，我看到了一个广场，隐约听到有流水的声音，我急切地环顾四周，发现不远处有一个小小的水池，水池中央正不断地喷涌着泉水。我喜出望外，赶忙跑过去，硬生生地把自己灌了个水饱。

此时，天已经渐渐地黑了下来，秋风乍起，一阵凉意从脚底涌向全身，我不由地打了一个寒战。"无论如何，得赶紧先找个地方住下来，再想下一步。"想到这儿，我裹紧了身上单薄的衣服，从随身的背包里掏出了一本《意汉字典》，找到"旅馆"这个词的意大利说法——"Albergo"。

很快，我就看见街边有许多装潢豪华奢侈的 Albergo，里面耀眼的灯光透过明亮的玻璃窗，照着酒店外来来往往的人群和排列在外面各式各样的高档汽车。西装革履的服务生规矩地站在酒店的门前，他们彬彬有礼地为客人开门，满脸微笑地请客人进去。看着眼前的一幕，我深深地吸了一口气，知道自己背包里的那点儿钱在这里恐怕连住半个晚上都不够，想到自己的窘迫不堪，我更觉得这样的夜无比寒冷。

越是寒冷就越觉得那酒店里透出来的灯光是那样温暖，我心想：总有一天我也要昂首阔步地从这里走进去，总有一天我也要让这些西装革履的服务生恭恭敬敬地为我开门、礼貌地为我服务！

市区的酒店、旅馆，每一间都价格不菲，看来我只能到城市边儿上去碰碰运气了。

风越刮越大，昏暗的路灯下，偶尔有几辆车呼啸而过，整个罗马仿佛都陷入了寂静，只有我还拖着疲惫的身躯继续往前走着……

月亮把它的银光洒在黑带子一般的公路上，显得无比凄冷。周围越来越空旷，人烟也越来越稀少，已经很长时间没有遇到路过的车辆了，我想这下子自己应该是到城市的边儿上了。

空旷的天幕上悬着两点寒星，阴冷的月光洒在我身上，看到地上孤单的影子，我感觉自己就像一个孤魂野鬼，那么孤单、无助。我继续向前走着，不知道也不敢去想前面等待我的将会是什么，只希望能快一点儿找到一处容身之所……

又走了很久，我看到不远处有一幢两层的小楼。楼顶上，霓虹灯在风中闪烁着"Albergo"的字样。

看样子这应该是一家小旅馆了，"但愿这家会很便宜！"我在心里默默地祈祷着。

走进旅馆，一股热浪迎面扑来，十分温暖，我心里想着，不管怎样，也得在这里住下来！

正门对着的就是登记处，我走了过去，又是翻字典，又是用手比画着问价钱。老板娘抬头看了看我，没有说话，只是从接待台下面的抽屉里拿出了一张房价表递给我，看着上面标注的价钱，我惊喜地发现，这家旅馆居然还有便宜到令我无法想象的房间，我指着价格最便宜的那一间做了个想看看的手势。

老板娘拿出一串钥匙，示意我跟她走，七拐八拐之后，她把我带到了地下室。她打开一间客房的门，一股发霉的味道扑鼻而来。这个房间很小，只有一张木板床，床上铺着一床薄薄的被子，其他的就什么都没有了，因为年久失修而裸露在外的砖头墙面上长了一层青苔，墙角还结着蜘蛛网，但即便是这样的房子，对于我来说也已经是人间天堂了。

"就是它了！先凑合着住吧，总比露宿街头强，一切等找到工作以后再说。"我自言自语地说。老板娘走后，我一下子瘫在了床上，忙了一整天，我浑身像散了架一般，还没来得及计划一下明天的事情，我便沉沉地睡去了。

第二天，我在这家小旅馆的地下室里面长租了一个小房间——这样比住一晚交一晚的钱要便宜得多！总算有一个属于自己的栖身之所了，但是交了房租之后，我口袋里的钱也所剩无几了。我开始到处找工作，每天都穿梭在罗马的大街小巷。我不怕辛苦，可是因为语言不通，七八天下来还没有任何收获，这让我心急如焚。

渐渐地，我身上的钱越来越少，我留出 1.4 万里拉（约合 10 美元）当作救命钱，我告诉自己这些钱不到万不得已绝对不能拿出来用。我更加卖力地找工作，同时也不得不节衣缩食，肚子饿了，我就向面包店讨一些卖不完的面包充饥。我顾不得周围人看我的眼神，留下来、活下去，是我唯一的目标。多年以后，每当我跟朋友们讲起我在罗马讨面包的这段艰难岁月时，他们总会感叹不已，然后，不约而同地说出同样的一句话："没想到你这么能吃苦！"

其实，人的一生没有吃不了的苦，面对苦难，每个人都有战胜它的能力，关键是要看想不想，只要你想战胜它，你就一定能！

当年面对那样的情境，我告诉自己：一定要坚持，这是我自己选择的路，不管生活有多苦、有多难，我都一定要坚持下去，我必须在意大利活下去，必须要活出个人样来！

苦难童年给我的坚定力量

我的童年，是在素有侨乡之称的福建福州的一个并不富裕的大家庭中度过的，在兄弟姐妹中我排行老大。我的家族曾是当地有名的大户，祖上还曾中过探花，到了我父辈这一代，家境虽不如从前那般殷实，但日子过得也还算舒心自在。

在那座古老的大宅子里，我们一群小孩子时常会簇拥在喜爱读书的父亲身边，听他讲《三国演义》里刘备、曹操、孙权等英雄豪杰在乱世纷争中逐鹿天下，《西游记》里的孙悟空降妖除魔护送唐僧一路西行，最后取得真经，以及杨家将、岳飞等名门忠将保家卫国的故事。那时，年幼的我也常幻想着自己能像那些大人物一样，站在高高的城楼上，威风凛凛地指点江山。

无忧无虑的童年对我来说并不长久，命运无情地摧毁了属于童年的宁静和欢乐，将那段残酷的记忆深深地烙进了我幼小的心灵。

九岁，正是天真烂漫的年纪。一场大难忽然从天而降，彻底改变了我快乐的童年，也将我的整个家庭推入了痛苦的深渊。

那天，我一如平日地放学回家。远远地，就听到一阵高过一阵的嘈杂的声响从家里传出来，我赶紧冲了进去，眼前的一幕把我吓呆了：那些平日里和蔼友善的叔伯阿姨们竟然在死命地砸我们家的东西。

他们一边呼喊着："革命无罪，造反有理！"一边冲我的父母使劲地叫嚷着："打倒反动派，打倒一切牛鬼蛇神！打倒里通外国的卖国贼！"

突如其来的一切，吓得我连书包都来不及放下，就站在屋子中央哇哇大哭起来。这就是"文化大革命"。在那个时候，什么样的坏事，都能在"革命"这一理由的掩护下公然去做。"革命分子"披着"革命"的外衣在光天化日之下可以为所欲为，可以干任何他们认为"理所应当"的事情。

由于我的姑姑早年远嫁台湾，所以在"文革"时，我们整个家族就都被扣上了"里通外国"的帽子。自那以后，几乎没有人愿意再和我们家来往。邻居们都不与我们家接近，迎面碰到也总不忘送上一个白眼儿和几句辱骂。

在学校里也是如此，同学们看到我都绕着走，没有人愿意跟我玩，更没有人愿意和我做朋友，似乎所有人都可以随时呵斥我、随意指责我。同村的玩伴黑仔似乎也成了某个"革命组织"的头头了，他经常会气势汹汹地领着一群伙伴冲到我的面前，对我大嚷大骂："你个'黑五类''兔崽子'，我们再也不和你玩啦！你们家都是卖国贼！"

"我不是！你们凭什么这样说我……"我强忍着泪水，握紧了自己的拳头反驳道。

"你就是！你姑姑在台湾，你二伯还当过什么保长，你们家就是那个……那个'里通外国'的卖国贼，打你个卖国贼……"说着黑仔就冲上来对我又踢又打，其他的小孩也纷纷效仿。因为势单力薄，每次我都被打得伤痕累累。更让我难受的是，除了骂和打，每次走之前他们还会朝我的脸上吐口水，向我扔石子。

这些难以尽述的遭遇，在我幼小的心灵里留下了难以抹去的伤痕。那个时候，我最大的心愿就是希望这样的日子能够赶快结束。可是，叔伯阿姨们似乎没有放过我们家的意思。

有一天，他们把我和弟弟妹妹们关到了一个不住人的屋子里，然后开始"批斗"我的父母。刹那间，打砸声、喊骂声充满了这座大房子的每一个角落，听着那些恶狠狠的叫骂声，无尽的绝望和恐惧就像决堤的洪水一样气势汹汹地向我们兄妹涌来，没有别的办法，我们就只有号啕大哭……

夜深了，我和弟弟妹妹们蜷缩在屋子的角落里，早已哭得筋疲力尽。小妹紧紧地靠在我的怀里，几道未干的泪痕挂在她脏兮兮的小脸上，小小的身子微微颤抖着，她一定是被吓坏了，她还只是一个蹒跚学步的稚童啊！

我紧紧地搂着小妹，其他的弟妹们也都不敢入睡，他们黑白分明的眼睛里充满了恐惧与无助。堂屋里，"暴徒"们还在不知疲倦地"批斗"着我的父母，砸东西的声音，以及不堪入耳的辱骂声，就如同一把把利剑，狠狠地刺着我的心，那种疼痛锥心刺骨。这样的漫漫长夜对于年幼的我们来说，是一种怎样的煎熬与折磨啊！

终于，"暴徒"们砸够了、喊够了、骂够了，才"热情高涨"地离开了。

我带着弟弟妹妹冲出屋子，看到堂屋里相互依偎却瑟瑟发抖的父母，眼泪再次涌出眼眶。屋子里一片狼藉，桌子、椅子，只要是能打翻的东西，全都被打翻了，地上堆满了书架上掉下来的书，睡觉的床也被彻底掀翻了，被子、枕头扔得满地都是，那个曾经熟悉而又温馨的家，如今却是满目疮痍。

看着眼前的一切，我仿佛一下子长大了，我擦干眼泪，拿出哥哥的架势，指挥着弟弟妹妹们收拾"残局"，摆椅子的摆椅子、捡东西的捡东西、铺床的铺床、扫地的扫地……

看到这样的场面，爸爸妈妈顿时相拥在一起失声痛哭，为这个被顷刻之间摧毁的家，也为我们这些懂事的孩子们。父母绝望的哭声，我这辈子都忘不了，我知道往日那个充满欢声笑语的家再也不会回来了。

在后来的日子里，我们更是三番五次地被"抄家"，稍微值钱一点儿的东西不是被砸得稀巴烂就是被洗劫一空。那时候，每天晚上我们一家人都战战兢兢地搂在一起，不敢睡觉，等待着不知道什么时候突然冒出来的"革命派"的"教育"。有的时候"革命派"累了，或者是去"教育"别的人家了，我们等着等着就睡着了。第二天醒来，发现没被"教育"，我们一家人都会高兴很久，那种高兴，在现在看来是那么凄凉和可悲！

这些日子是我童年记忆中永远都无法抹去的一幕，而属于童年的欢乐也就随着这一幕的发生，理所当然地被掠夺得一干二净。其实，被摧毁的不仅是我的童年，还包括我的少年、青年，乃至更多的东西……

在学校里，我因为头上那顶"帽子"，一直被排斥在少先队之外，小学毕业后，由于没有学校肯接收，我失去了继续上学的机会。

十六岁那年，我重新回到了校园。不想童年时的惨痛回忆又一次重演，我再次受到了同学们的嫌弃与排挤，所有的社团和组织都不肯接纳我，也没有一个人愿意认可我。由于好几年没上学，一开始我的成绩很差，考试经常排在班里的后几名，再加上当时"文革"的余波还未平息，我自然又成了众矢之的，按同学们的话讲，我是一个"出身不好、后天不足的傻子"。

即便是这样，我始终都没有放弃过自己。恶劣的环境给了我无形的压力，同时也给了我非凡的动力。我变得异常刻苦，课外活动的时候，别人在玩耍，我一边在操场上溜达，一边默默地背诵数学公式。就连开校会的时候，我也争分夺秒地在腿上默写着白天学过的知识，放学回到家，我就一个人在家里做习题，从来不出去玩。

总之，我把所有能够利用起来的时间都用在了学习上。除此之外，我还疯狂地迷恋上了读课外书。因为只有徜徉在知识的海洋里，我才能暂时摆脱现实中的烦恼与痛苦。那时，我特别喜欢读人物传记，从他们跌宕起伏的人生经历中我总是能够感受到无穷的力量，我梦想着自己有朝一日也能像他们一样，经历无数的苦难之后干出一番大事业来！

也许正是因为这样的勤奋与刻苦，到了高一下半学期，我已经能考进班级的前十名了，而且在后来的日子里，我的学习成绩在同年级中一直都名列前茅。可无奈的是，在大环境的压迫下，不管我有多坚强的意志，不管我有多勤奋、多刻苦，始终都无法摆脱掉那些莫名的仇视与冷酷的嘲讽，它们让我感到无尽的痛苦。

在周围人歧视的目光下，我抬不起头来。那顶巨大的"帽子"，压得我难以呼吸，有时候我会变得很暴躁，也很容易发怒。多少次，我愤怒地攥紧拳头，使劲地砸向墙面，歇斯底里地喊着："这是人过的日子吗？"

每到这个时候父亲总会急忙呵斥我，不让我再说下去。他告诉我，出去不许和人争，一定要学会忍让！即使别人把唾沫吐到你的脸上、踩到了你的脚，你也要向别人道歉，跟人家说对不起！重压之下我常常能听到母亲"这里是待不下去了"的叹息，而父亲一如既往的少言寡语，他经常沉默地伫立在堂屋前，目光却炯炯有神。

记得有一次，我从学校回来，看见父亲站在门口，一副心事重重的样子。我猜想应该是又被什么人"教育"了吧！正当我要进屋时，他忽然叫住了我："田忠，你一定要争气，作为一个人不能没有志气，一定要猛志常在！"

一直以来，我习惯了父亲的沉默，这天他突然冒出的这句话，就像一声惊雷，猛烈地炸响在我的心头。

还记得当时父亲在说这句话的时候，腮帮子倔强地一鼓一鼓，从他凝重的表情中我可以感觉到父亲内心深处的煎熬。我知道，习惯了隐忍的父亲的确是被压抑得太深太久了。

那段时间，我也经常会不断地问我自己：难道我天生就低人一等吗？难道我这辈子就真的会像他们所说的那样没有出息吗？难道我就没有办法改变我的命运吗？

"不是！"内心深处一直都有一个坚定而有力的声音在提醒着我，"我绝不是别人说的那样！我并不比任何人差！我这辈子一定会有出息的，别人可以拥有的幸福生活和精彩人生，我也一样可以拥有！别人能做到的事，我陈田忠也一定能做到！并且能做得更好！"

终于熬到了"文革"结束，我们家被"平反"了。1978年我参加了高考，但最终还是以五分之差与大学失之交臂。那时的我除了跟着父母做点儿小本生意，再无其他收入，家里的日子也越来越艰难……

我的内心非常痛苦，我不甘心自己的人生就这样虚度，我不甘心自己这辈子注定要忍受贫穷与失败。在每一个看似平静的刹那，我的灵魂都在发出一声声歇斯底里的呐喊："我要离开这里！我陈田忠有一天一定要出人头地！"这种念头非常强烈，它扎根在我的心底，把我浑身的血液都搅扰得躁动不安，我的心也片刻不得安宁，每天都在寻找着改变命运的机会。

也许真的是一种神奇的缘分，终于有一天，机会从天而降……

1980年，在美洲危地马拉做生意的表哥忽然回到了家乡，表哥有一批货要送到罗马，需要找一个可靠的人来押送。这对于急于想要离开家乡、出去干一番事业的我来说，无疑是一个难得的好机会。我找到表哥，恳求他让我来押送这批货。

当时我对他说了很多的话，现在大都记不清了，只有一句依然记忆犹新，那就是："我去罗马不为风景，不为虚荣，而是为了梦想！"

也许是看出了我的决心，表哥给了我一次转变命运的机会，同意让我去罗马送货。他告诉我，到罗马后，会有一个叫李叔的人来接我。就这样，1980年的秋天，我提着行李箱告别了父母，独自一人踏上了飞往罗马的班机……

第二章

机会都是争取来的

　　我愿意多付出，不辞辛苦地付出。我想在这一点上，我可以超越工厂里的任何一个同事。职场就是一个浓缩的社会，参与者都是竞争对手，我要想办法战胜他们！

不吝于付出才能抓住机会

在那个秋天，我去了无数个地方求职，因为语言不通，都无一例外地遭到了拒绝。一连十几天下来，工作没有任何着落，我内心的恐慌感随着口袋里的钱一天天地减少而愈加强烈。

晚上，我躺在床上，望着长着厚厚青苔的墙壁，陷入了无尽的愁思。到底该怎么办？去哪里才能找到工作？就算挣不到钱，只要能够填饱肚子也行啊！可眼下，就连这样的想法似乎都有些奢侈。

我躺在床上翻来覆去，不由得想到了在老家时常听人说，某某去了国外的什么什么地方，某某在国外如何如何了，那个时候总感觉国外满地都是黄金，满大街都是中国人，满大街都是中国人……

"唐人街呀！"我激动地喊出了声。

不是说国外都把华人聚居的地方称作唐人街吗？听人说，在美国和英国都有唐人街，罗马肯定也有这样的唐人街呀！

带着这一重大"发现"，我几乎一夜未眠。第二天，天还未亮我就兴奋地跑出了门。费了一番周折之后，我才知道，原来罗马并没有唐人街，但是在罗马市中心火车站附近的埃斯奎里诺山丘地区，有一个华人聚居区。我找到了那里，来到维多里奥广场。眼前的场景让我眼前一亮，道路两旁都是古香古色的中式建筑，店铺上悬挂着用中文写成的标牌：梅干菜、咸鱼干、烧饼、小笼包……全都是具有中国特色的商品。来来往往的人大多是黄皮肤、黑眼睛的中国人，说的也都是南腔北调的中国话。看到一张张熟悉的"中国脸"，听到久违又熟悉的中国话，我感到了回家一般的亲切和兴奋，熟悉的场景使我心里燃起了熊熊的希望之火。

既然都是中国人，一定很好说话，找个工作也应该没问题。于是我兴冲冲地走进一家店铺，找到老板，激动地用中文说："老板，您好，我叫陈田忠，刚来意大利不久，希望能在您这里找一份工作，我吃苦耐劳，手脚也很勤快，干什么都没有问题！"

我目不转睛地看着他，满心期待着他的友善回应，结果老板却十分冷漠地向我摆摆手："出去，出去，哪来的野小子？我们这里不招人。"

这样的态度好似兜头泼下的一盆凉水，让我的心一下子就凉了半截。带着失望，我走出了店铺。我告诉自己："坚强，一定要坚强！也许这个生活在意大利的中国人也不容易，这一家不肯雇用我，我可以去找下一家，一家一家地找下去，一定会找到愿意雇佣我的人。"

然而，让我始料未及的是，整整一天，从街头到街尾，从理发店到超市，从餐馆到水果铺，我一家家地尝试，一次次地问，结果却一次次地失望。

□ 我当时看到的维多里奥广场远不如今天这样的热闹，这是 2008 年 2 月中国侨联艺术团"亲情中华·欢聚罗马"在维多里奥公园广场慰问演出受到侨胞热烈欢迎的场景

太阳渐渐西沉，我筋疲力尽地走着。忽然，远处街角的一家店铺门前的红灯笼吸引了我的目光，那似乎是一家中餐馆——也是这条街上最后一家我没去过的地方了。

"最后的机会了，无论如何，一定要想办法留在这家店里。"我咬咬牙朝着它走了过去。

走进店铺，只见一位中年妇女正趴在柜台上写着什么，我心想，她应该就是这里的老板娘吧。

我走上前去，尽量把声音控制到最平稳的状态，小心翼翼地问："请问您这里招工吗？""不招！"老板娘头也不抬，毫不犹豫地甩出一句话。

老板娘的冷漠和拒绝让我硬生生地打了一个寒战，但为了不失去这次机会，我仍然继续面带微笑，礼貌地说道："我什么活儿都能做，您就让我留下来试试吧，求求您了，我可以不要工钱，只要管吃住就行。"我几乎是用哀求的口吻对老板娘说的，我想她应该能够听到我的真诚和无助，虽然我不想让别人同情我，此刻的我却非常期待能得到她的同情，因为我已经走投无路了。

"我们不招人！"这时，一个粗声粗气的声音从里屋传了出来。

我猜想，说话的应该就是老板了。一般到这个分上，就代表没有回旋的余地了。但我不甘心就这样离开，因为这是我最后的也是唯一的机会，只要能让我留下来，干什么我都愿意，我不要其他的报酬，只要有个地方住、有口饭吃，哪怕是睡地板、吃剩饭都可以。

老板慢悠悠地从厨房走了出来，仔细打量了我一番。也许是看我长得比较单薄瘦弱，就改变了原来那种冷漠如霜的态度，他以平和的语气对我说："小伙子，现在生意艰难得很，我们真的不缺人！"

站在柜台前，我极力克制着自己的情绪，不停地考虑着接下来该对他说些什么，怎样才能让他留下我。就在这个异常尴尬的时候，有几位客人走了进来。我灵机一动，冲上前去大声说着："Ciao！Ciao！"（你好！你好！）然后，微笑着请客人坐下。老板夫妇本来是有些生气的，但看到有客人在，也不好发火。于是，我开始"大胆"地在餐馆里跑前跑后地忙活起来。此时，正值晚饭时间，客人渐渐地多了起来，老板和老板娘一个忙着炒菜，一个忙着为客人点菜、结账，根本顾不得我。我便继续"放肆"地擦桌子、摆椅子、收拾餐具、洗碗、扫地、迎宾送客，生怕一闲下来，就会被老板夫妇"扫地出门"。

当时，我会说的意大利语还不多，但"你好"和"再见"还是会的。每当有金发碧眼的客人经过餐馆门口时，我就高声喊着"Ciao！Ciao！"招呼他们进来，并把他们引到空的座位上。有客人用餐离开时，我就高声喊着"Arrivederci！"（再见）并微笑着把他们送出餐厅。上天真是太眷顾我了，那天，这家餐馆里的生意特别好，许多听到我招呼的客人都不由自主地进来吃饭。有些老顾客笑呵呵地问老板："这是你新招的伙计吗？看起来蛮勤快哦！"老板只是呵呵地笑着。

就这样，我跑前跑后忙得热火朝天，尽管已经饥肠辘辘，却始终没有停下来。

忙到快打烊的时候，我还在卖力地擦着桌子。这时，老板走到我的面前对我说："现在餐馆经营很困难，我们的生意已经很久没有像今天这么好了，这也是你的功劳。你要是愿意留下，工钱肯定是没有的，至于吃的，只能是我们吃什么你就跟着吃什么。另外，这里也没有多余的床，你晚上睡觉只能拼几张餐桌。"

"太好了！谢谢老板！谢谢您肯留下我！我一定好好干！"对于这个结果我非常高兴。老板笑着说："我开餐馆好几年了，头一回碰到像你这样找工作的，你可真行！"说着，他把一碗饭放到了我的面前，"忙了一晚上了，你肯定饿了，快吃吧！"

我接过碗，大口大口地吃起来。当时，我确实饿坏了。尽管只是一碗普通的饭菜，但是那种香甜的滋味我至今都难以忘记，因为那是我到罗马后通过努力挣来的第一碗饭。接下来的日子，我几乎把店里的活儿全部包揽下来。每天天不亮我就起床了，先骑着三轮车去市场买菜，然后回到餐厅，打扫好大堂的卫生，再把买好的肉和菜洗净、切好，一一装盘。开门营业后我就忙着招待客人、收拾台面，一直忙个不停。总之，我眼睛里到处都是能干的活儿，从来没有想过偷个懒、休息一下。晚上打烊后，我还要把所有的东西都收拾整理一遍，一天的活儿才算全部干完。这时已经是半夜了。

尽管感到十分疲惫，但是我并不急着睡觉，而是将几张餐桌拼在一起，然后拿出《意汉字典》，一天的学习这才真正开始。

我深深地意识到，要想留在意大利，必须首先突破语言关。机会只会给有准备的人，所以我必须以最快的速度提升自己的意大利语水平，尽快地融入这个社会，这样才有机会谋求更大的发展。除了通过字典学习，只要一有机会，我就尝试着跟意大利客人对话。慢慢地，我的意大利语水平开始不断地提升。这让我对漂泊的生活又增添了无限的信心和勇气。

每到闲下来的时候，我就会拿出书，一边打工，一边学习。我心里始终都有一个梦想，要通过自学和努力改变自己的命运！

功夫不负有心人，通过坚持不懈的刻苦学习，半年之后我终于能说上一口流利的意大利语了。

现在回过头看，我能在没有任何担保人的情况下，在罗马找到这份工作，真的是一个不小的奇迹，虽然很辛苦，可总算有了一个能遮风挡雨的地方。这次的经历，让我坚定了一个信念：做任何事情，一定要懂得先付出，只有你先付出了，在后来的日子里才会有回报。在此后的人生中，我也一直都是这样做的，尽管也遇到过很多波折，但我都能够一一跨越，一路前行，朝着我的梦想不断前进……

当我顺利过了语言关后，我开始谋求更大的发展。多少个夜晚，我暗暗告诫自己："陈田忠，你到意大利是来实现远大梦想的，是来这里发展事业的。如果只是像这样吃几顿饱饭、当个普通伙计、挣点儿小钱的话，那么在国内也可以做到，就没必要来到这个举目无亲的地方，忍受各种各样的痛苦和屈辱。你绝不能安于现状，一定要不断寻找新的机会。"

这种想法就像是黑暗中的一束光，带给我无穷的力量，时刻鞭策着我不断前进，寻找着改变命运的机会。

勤奋的搬运工

接下来的日子，我仍然继续着餐馆的工作，每天天不亮就去采购蔬菜、肉蛋。有时候，为了进价更便宜些，我不惜跑更远的路，到稍微大点儿的菜市场去直接进货。虽然那样会辛苦些，但能为老板省钱，我还是觉得很高兴。

这天，我照例去菜市场采购蔬菜。在回来的路上，我无意中看到一个告示牌上贴着一则招工启事，这是一家叫路易吉的制衣厂正在招工。我觉得这是一个机会，于是决定到那里去碰碰运气。

第二天，我请了一天假，按照告示上的地址来到那家制衣厂，说明了来意之后，我被一个年轻的姑娘安排到车间旁边的一个小房间里，等待人事经理孔蒂先生的面试。房间里面有一张长桌子，我想应该是办公用的，但看起来这里又不像是办公室，因为除了那张桌子，剩余的就全是椅子了，足有三十几把，倒有点儿像是会议室。门是敞开的，可以看到外边身穿工作服的工人。

过了一会儿，那个年轻姑娘走过来对我说："孔蒂先生还在开会，可能还要等一会儿。"

"没关系，我可以在这里等他。"我礼貌地说。

姑娘笑了笑，转身出去了。

也许是在餐馆里养成的职业习惯，我看到眼前的桌子上浮了一层灰尘，便很想将灰尘擦掉。

忽然我看到墙角处有一堆丢掉的废布片，便走过去，拿起一块废布片开始擦桌子。过了不多时，孔蒂先生来了，他看到正在卖力擦桌子的我时，有一点儿惊讶。

孔蒂嘴里叼着烟，看着我问道："你是哪国人？"

我回答："我是中国人！"

他面无表情地说："其他的职位都满了，现在只剩下缝纫工和搬运工。"

我实事求是地说："缝纫工我没有经验，但是我体格很好，所以我想试试搬运工的工作。"他上下打量了我一番，稍微迟疑了一下，说："搬运工非常辛苦……"

不等他说完，我抢先说道："没问题！我相信我绝对可以胜任！"

他看着我，又想了想说："好吧，你下周一早上八点过来上班。不过，如果你干不满一个月就要离开的话，我是不会给你一分钱的。"

我冲他认真地点了点头，他没说话，转身出去了。

走出制衣厂时，已是临近中午了，微风轻轻拂过我的脸庞，意大利独特的地中海气候，使得风都显得特别温柔，太阳暖暖地照在身上，舒服极了。处在其间的我，心中第一次洋溢着无限的喜悦。虽然工资不是很高，但是也算有了自己的收入。而且我终于迈出了实现自己梦想的第一步。我开心极了，忍不住在罗马的街头一边欢呼，一边奔跑、跳跃着，许多人都向我投来惊异的目光，大概他们以为这个亚洲人疯了吧！

这时候我也意识到了一个问题，如果我接受这份工作，也就意味着我必须要面对一个新难题——独自去找到一个新的住处。

在餐馆做伙计的时候，虽然没有工资，但吃住都在店里，所以不用发愁。可现在要去制衣厂打工，也就没有理由还住在餐馆里了。为自己找一个新的住处，成了我去制衣厂报到前首先要解决的问题。

幸亏在餐馆的时候，很多好心的客人时常会给我一点儿小费，这也让我有了一些微薄的积蓄。我知道，维多里奥街作为华人聚居区，房租会相对低廉一些。而且，对于孤身在异国漂泊的我来说，与华人住在一起既能多一分安全感和归属感，也方便我和中餐馆的朋友继续来往。于是，我决定在维多里奥找一个便宜的住处。

找了整整一下午，我终于找到了比较中意的房子——一间大约十平米的地下室，租金还算便宜，每个月2万里拉——也是我能承担的数额。房间不算大，只能摆放一张床、一张书桌和一把椅子。虽然十分简陋，但很整洁，围墙和地面都很干净，与我刚到罗马时住的那个小旅馆相比，已经不知好了多少倍了。这也算是一个小小的进步吧！它不仅是一个供我安身的地方，还将是一个容纳我的失落和不安、承载我奋斗激情的地方。

回到小餐馆，我告诉老板，非常感谢他和老板娘这么长时间以来的收留和照顾，现在我终于找到了一份工作，所以可以不必再继续打扰他们了，希望将来有机会可以报答他们的恩情。老板有点儿惊讶，但他转而又颇为舍不得地对我说："田忠，你是个很不错的小伙子！你为人勤快又厚道，以后肯定会有好的发展的，老待在我这个小餐馆里，又没有工钱，对你来说也不合适，你去吧，到了那里好好干！你一定能行的，将来遇到困难可以随时来找我，有事就说一声，能帮得上忙的，我一定会帮。"

听到老板的话，我的眼睛湿润了。对于这家餐馆，对于老板和老板娘，我的心里充满了无限的感激，他们在我走投无路的时候收留了我，算得上是我的救命恩人。

我对老板说："真的很感谢您在我最无助的时候，收留了我，我也很想留在这里帮您干活，报答您，只是我的家人都还盼着有一天我能衣锦还乡……所以，只能将来有机会再报答您了……"

这时，天开始下雨了，一阵狂风卷过，把餐馆的招牌吹落在地上。我拾起了破裂的木板，在雨中用了很长时间才把它修好。站在地面上欣赏着修好后的招牌，我告诉自己，它就是一个纪念碑，代表我在这里曾有过短暂的停留。

回到新租的房子里，脱下被雨淋透的衣服，站在镜子前，我问自己，上一次在镜子中这样看自己是什么时候？——也许还是在福建老家的时候吧！我向后站了站，看着镜子里的自己——瘦瘦的，皮肤很白晰，细瘦的身条透着青年的稚嫩。我沉下了肩膀，郑重地冲着镜中的自己说："你好，我是陈田忠，来自中国福建！"

第二天，我早早地来到了制衣厂，开始了第一天的工作。因为是新手，所以工厂特意安排了一位老员工来指导我的工作。自我介绍之后，他称呼我陈，我叫他比利。

在比利的指导下，我了解了搬运工的主要职责：衔接制衣流水线上的各个环节，就是把各种资源在几大部门之间迅速传递，以保证整个工厂的流畅运作。搬运工的工作单调而又极其辛苦。说白了，就是在供应商送来布料后，负责卸货并运送到工厂的检验部门，检验合格后，再将布料运送到加工部门进行裁剪，制作出服装跟配件的半成品，再次送去检验，合格后送回车间进行缝纫，随后制出成品，再送到检验部门进行最终审核，审核通过后，送到包装部门进行出厂包装，然后将完成的产品搬运到货柜中，等待发货……

在这家工厂里，我日复一日做的全都是这样的工作。我感到自己每天就像一个被不停地抽打着的陀螺，一直在旋转着。在这个位于罗马西郊、有300多名雇员的路易吉制衣厂中，我处在最底层，每天都要搬运上千斤的货物，虽然很辛苦，但是我没有一丝怨言，我相信，这份工作看似很不起眼，但不可或缺。搬运工就是这家庞大工厂的枢纽，要是没有我们这些搬运工，工厂就没法高效地运作，所以我不会看轻自己。

冬天到了，我租住的房子四壁透风，墙壁上还结着一层霜。我到旧货市场买了几床旧毛毯，每天下班回家，就像捆粽子似的把毯子裹在身上，只露出两只眼睛来看书。深夜，再把毯子压在被子上，躲在被窝里看。那个冬天，我的膝盖和手指都被冻伤了，疼得我整晚睡不着觉。

除夕夜里，我一个人窝在冰冷的小屋子里吃着冷饭，越发地思念家乡，思念家中的父母和弟妹们。如果在祖国，此时正是万家团圆的时候，真是应了中国的那句古话："独在异乡为异客，每逢佳节倍思亲。"

前些日子寄回去的钱和明信片，他们应该收到了吧？我躲在被窝中想象着家中的情景。离家已经有一年多了，不知道家里的境况是不是变得好一些了，弟弟妹妹们在学校里有没有被人欺负……家人熟悉、亲切的脸庞浮现在我的眼前，我的眼泪止不住地流了下来。

我想起了临行前父亲对我说过的话："田忠，你一定要争气！""是的！我一定要争气！我一定要出人头地，要衣锦还乡！"我在心里暗暗地告诉自己。

在工厂除了默默地做着搬运工的工作之外，我还不断地留心观察身边的一切，以期待获得机会，改变命运。意大利人的时间观念都很强，每天做完8个小时的额定工时后，那些意大利员工是不会在工厂多呆一分钟的。我不大认可他们那种多做一点儿事就觉得吃亏的工作态度。**我愿意多付出，不辞辛苦地付出。我想在这一点上，我可以超越工厂里的任何一个意大利人。职场就是一个浓缩的社会，参与者都是竞争对手，我要想办法战胜他们！**

我知道，想要有更多的收获，就必须有更多的付出，我不是在为别人工作，而是在为我自己工作，为我的未来工作！

因此，我每天都坚持比其他员工早到30分钟，在开工之前，把机器擦干净，把布料拉到车间；每天下班，等员工们都走了之后，我把流水线工人丢在地上的布条布料都收拾起来，然后再把所有车间的卫生都打扫干净。等到我做完这一切，走出工厂的时候，往往都已是夜色深沉了。

我看着月光下格外消瘦的身影，默默地告诉自己：希望就在明天！

不久之后，由于我的勤奋和努力，车间主管奥利维拉慢慢注意到了我。

有一次，下班后，我正在打扫车间，奥利维拉走过来轻轻拍了拍我的肩膀："陈，你怎么还不回去？"

"先生，我打扫完这些就回去，要不然明天早上再打扫，会很浪费时间，也会影响大家的心情。我现在打扫好了，明天大家一来就可以开工，这样工厂的效率也可以提高很多。"我一边回答一边继续打扫。

"陈，你真的很勤奋，也很聪明，又能努力工作，公司缺的就是你这样的员工。"他微笑着说，眼里流露出了赞赏之情。

此后，我和奥利维拉慢慢熟悉了，偶尔我还会主动找他一起聊聊天。从他那里，我知道了厂长隆巴迪先生的办公室所在，而且知道了他只有周一、周三、周五才会到公司来。于是，每到那几天的早上，我都会把隆巴迪先生的房间上上下下清理一遍，给他买好报纸、泡好咖啡，连他放在公司的皮鞋我都擦得干干净净的。

很长一段时间，隆巴迪先生都以为公司给他找了清洁工，后来他才从奥利维拉那里得知，这一切都是一个叫"陈"的中国搬运工做的。渐渐地，隆巴迪先生也开始注意到我这个"不守本分"的搬运工了。毕竟老板都喜欢兢兢业业、肯多做事的员工。

一天，我如往常一样在隆巴迪先生的办公室里"忙活"，隆巴迪先生正在打电话，我听到他在电话里和朋友不断地抱怨。原来他一直都有意进军美洲市场，但苦于没有关系，这个设想一直实现不了，他对此耿耿于怀。

这时，我立即想起了在危地马拉做外贸生意的表哥。我想，这对于隆巴迪先生来说无疑是一个绝好的资源，对于我来说，也可能意味着一个绝好的发展机会。

隆巴迪先生刚一挂电话，我就对他说："先生，关于这个，我有一点小小的建议。我有个表哥，在美洲的危地马拉做外贸生意，而且做得很不错，或许可以联系他，让他帮助咱们销售产品。"

隆巴迪先生听后，非常高兴地说："太好了！我早就有拓展那边市场的打算，但就是找不到合适的人合作。这样吧，你既然有海外的人脉资源，在车间做搬运工就太浪费人才了。如果你能帮我做成这笔生意，以后你就去国际贸易部上班吧。"

"真的吗？先生！那可真是太好了！"这个消息出乎我的意料，我高兴得都快要跳起来了。

几经周折，我终于联系到了表哥，他得知我现在的情况十分高兴，他爽快地说："田忠啊，没想到你还真有点儿闯劲，别说这个事情我有利可图，就是没有利润，给你开个张也是应该的。"

在表哥的帮助下，厂里的货很快就发到美洲去了，而且在那边的销售情况非常好，厂长看到事情这么顺利特别高兴，不仅跟我签了正式的劳动合同，还额外给了我一笔奖金。就这样，进入制衣厂仅仅半年多的时间，我就从一个普通的搬运工晋升为国际贸易部的业务员了。最高兴的是，有了劳动合同，就可以办理居留证了，有了居留证，我就可以成为这个国家合法的一员了，我紧紧地攥着手中的合同，幸福地期待着美好的未来……

第三章

学习改变命运

　　在人生的旅途中，前进的方向盘一定要掌握在自己的手中，要时刻保持清醒的头脑，明白自己的兴趣点和梦想在哪里，想要什么，不想要什么，能做什么，不能做什么，前方的路不会一帆风顺，但梦想会指引航程。

罗马大学的学生

带着劳动合同，我来到了移民局，找到工作人员，递上劳动合同和我的个人资料，工作人员检查了一下，拿出一个小本在上面盖了一个戳，递给了我。

我双手颤抖地接过居留证，内心无比激动，我终于可以名正言顺地在意大利留下来了！可以在这个国家做一切合法的事情了！我再也不用像无根的浮萍一样孤单漂泊了。拿着居留证，我的内心里忽然感受到一种前所未有的安全感和踏实感。

然而，我心中的美好和安全感并没有停留多久。进入国际贸易部的第一天，我就遇到了一个很大的麻烦。

我的上司费拉里要我配合做一份发货报表和一份产品授权书。听到他的请求，我的心顿时"咯噔"一下，脸也发起烧来，我支支吾吾地对他说：

"非常抱歉，先生，我不知道怎样做报表……"

费拉里没说什么，耸耸肩走开了。望着他离去的背影，我的心里开始感到强烈的不安。

原本以为自己进了国际贸易部就可以大展拳脚、大干一场了，却没想到更大的挑战与困难正横在我的面前。

同事们在工作中都会使用专业术语来讨论国际贸易的业务，如怎么拓展渠道、如何回收账款、如何接货及怎样核算报价、成本、利润等，而我只能在一边一筹莫展、束手无策。慢慢地，我发觉他们不再愿意找我了，有了新任务，不是自己去做，就是找那些有经验的同事帮忙，而我就像是"办公室里的灰老鼠"一样被人遗忘在了角落里。

被人忽视的感觉让我倍感压抑，也让我陷入了深深的苦恼。我意识到，自己在专业知识方面是那么欠缺，而这些知识在职场发展中又是那么重要。

有一次，同事们聚在一起谈论工厂的国际贸易业务情况以及世界贸易行情，面对高谈阔论的他们，我觉得尴尬不已，悄悄地走出了办公室。

此时，已是傍晚时分，一缕深橘色的光芒透过正在蓬勃生长的橄榄树，在光秃秃的草地上拖着长长的影子，我却没有心思去欣赏。我的心完全沉浸在无法适应新工作的尴尬中。

"陈，你有什么烦恼，可以和我说说吗？"说话的是我的同事维尼亚——一位有着犹太血统的美女。

我转过头去看着她，苦笑着摇了摇头。

维尼亚笑着说："陈，看到你现在的样子，我常常会想起以前的自己。一年前，我刚到这个部门工作，和你一样什么都不懂，同事们找我讨论业务，可我一句话也接不上来。后来，他们再一起讨论工作时，我就被'边缘化'了，嗯，我真的很不喜欢那种被忽视的感觉。"

"那后来呢？后来您如何渡过了难关？我看您现在业务水平已经非常纯熟了，真的让我很佩服呢！"听到维尼亚谈起曾经的自己，我顿时有遇到知音之感。

"后来我到夜校里读了大学，系统地学习了国际贸易相关的知识。同时也认识了很多人，慢慢地跟他们混熟了，逐渐熟悉了这一行，一切就都顺利了！"

维尼亚说得轻描淡写，我却一下子兴奋起来，仿佛抓到了救命稻草一般。

"太棒了，维尼亚！你真是上帝派来的天使！那么推荐一所合适的学校给我吧！我看拯救你的那一所应该不错吧！"

"哈哈，天使嘛，这个称呼我喜欢！"维尼亚扬扬得意地笑道，仿佛故意在卖关子。

"维尼亚，快告诉我吧，你知道这对我来说太重要了！"我诚恳地请求道。

"陈，我读的是罗马大学的夜间部。那儿的教学质量很不错！每晚七点开始，有三堂课讲国际贸易。如果需要的话，我可以帮你联络报名的事。"维尼亚显然被我的诚恳打动了。

在维尼亚的引荐下，我来到了罗马大学，找到了一个叫布瑞的老师。他带我去交报名费，当听到收费处的老师说出一学期的学费是"15万里拉"时，我吓了一大跳，这个数额几乎是我全部的家当，交了学费，我恐怕连吃饭都成问题了。我陷入了深深的犹豫，一下子拿出这么多钱真的有些舍不得，但我转念又想起了自己在海外贸易部面临的窘迫和尴尬的局面，最终我还是咬咬牙取出了全部的积蓄，报了名。我告诉自己，绝对不能做一个目光短浅的人，做任何事都要先付出。学习就是给自己最好的投资，这一切的投入在未来一定会得到回报。

□ 在有着数百年历史的罗马大学校园里，随处可见充满中世纪风情的建筑

交完学费之后，布瑞老师带我去登记，打开册子，我郑重地在上面写上了自己的名字，抬头看着布瑞老师，他笑着对我说："陈，欢迎你成为罗马大学的一员。"

夜校是一个小社会，学生们都是来自各行各业、三教九流的。大家白天忙于各自的工作，晚上就来到夜校读书、学习。这样的日子虽然辛苦忙碌，我却感到了从未有过的幸福、充实与满足。和在国内学校不同的是，在这里，老师不再简单重复地灌输知识，学生成为了整个教学过程的主角，在这种教学方式的带领下，我更加愿意思考了，强烈的参与感也被最大限度地调动了起来。

课堂上，我如饥似渴地汲取着大量的商业知识，积极地参与各种学术讨论。我把工作中遇到的难题记在一个专用的本子上，等到晚上去夜校上课时，就拿出来向教授请教，而教授则会很巧妙地引导我自己找到答案。课余时间，我就和同学们聚在一起，谈论各种奇闻趣事、社会新闻以及各自在工作中遇到的一些有趣的事情，甚至是某某明星的小八卦。

我知道，要想让自己真正融入欧洲社会、融入意大利、融入罗马，就要先从自己的生活状态、行为举止上开始改变。而这些看似无聊的话题，恰恰反映了欧洲社会最真实、最生动的一面。于是，我开始积极地参与到大家谈论的各种话题中去，也和大家一样，豪爽地大声谈笑，做着各种夸张的肢体动作。也正是这些话题，让我对欧洲社会的各行各业有了一个初步的认识，对意大利、对罗马也有了更多、更深层的了解，我的眼界也因此而大开。

当那些和我差不多同一时间来到罗马的人，大都还在餐馆里打工，或者在工厂、作坊里做苦力时，我已经每天穿着衬衫、打着领带、夹着公文包在大家羡慕的目光中昂首挺胸地去制衣厂上班了。

通过一段时间的努力，我不仅学会了很多国际贸易方面的专业知识，独立思考和解决问题的能力也得到了很大的提升。之前，对外贸知识的缺乏，让我很少在各种业务会上参与讨论，只是一味地听别人说，并且很多地方还一知半解，有时甚至完全听不懂大家在说什么。而现在，同事们讨论问题的时候，我不再是一头雾水，也渐渐地能主动发言了，并能适时提出好的想法和建议。而且，我已经可以独立完成各种类型的外贸标书了，通过自己的努力，我还帮工厂争取到了好几单大生意，这使得身边的同事都惊叹不已，他们慢慢转变对我的态度，开始对我刮目相看，这让我深深地体会到了一种前所未有的成就感。

我在国际贸易部逐渐站稳了脚跟，工作也越来越顺利，工资涨了、奖金涨了，积蓄渐渐多了，而且可以往家里寄更多的钱了。

回顾自己从一个搬运工到海外贸易部业务员的过程，我不由地感慨万千。我将自己的经验进行了如下总结：

第一，在人生的旅途中，前进的方向盘一定要掌握在自己的手中，要时刻保持清醒的头脑，明白自己的兴趣点和梦想在哪里，想要什么，不想要什么，能做什么，不能做什么，前方的路不会一帆风顺，但梦想却会指引航程。

第二，就是必须诚诚恳恳地努力付出，永远不要计较个人得失。如果我刚到制衣厂的时候也像其他意大利工人一样，严格按照时间上下班，不肯多做分外事，那么我就不会遇到好的机会获得发展。不肯做分外事，就永远只能做普通人！

第三，永远不要放弃学习和提升自己的任何机会，要让自己每一天都有成长和进步。

第四，要对自己和所从事的工作有一个整体的规划，并且按步骤去充电和学习。

第五，永远不要因循守旧。无论是生活还是工作都要有创新精神，永远不要成为别人或者传统思维的模仿者和套用者。

第六，要养成良好的生活习惯。随手关门的一个动作，随身拾起的一片纸屑，一个友善的微笑，恰当得体的礼仪，没准就能成为改变命运的契机。

一路走来，我都是按照上述标准来严格地要求自我的。我认为上面的这些经验就是我人生中最为宝贵的"黄金"，它们使我的生命旅途变得更加顺畅和幸运！

荣升国际贸易部主管

即使是很多年以后，我依然记得那一天。

那天，我正在办公室里忙着工作，突然接到国际贸易部经理罗西的电话，他叫我马上到他的办公室。我放下电话，急忙赶向罗西的办公室，一边走一边还担心，是不是我的工作出了什么问题？为什么经理大人要直接召见我，而不经过我的主管费拉里来传达工作命令？带着这种忐忑的心情，我敲开了罗西办公室的门。罗西看到我进来，微笑着叫我坐下，然后跟我说："陈，你最近的工作表现很好，业绩很突出。可以说，你是最近一批员工中，工作能力最强、进步最快的一个人。所以，我决定，提升你为业务部的主管。"

听了罗西的话，我那颗悬着的心顿时放下了，取而代之的是受到赏识的喜悦之情。但这个消息来得太突然，我似乎还没有做好准备，于是我说："罗西先生，很高兴能得到您的赏识，可是也许您需要慎重考虑一下。我的上司费拉里先生经验丰富、业绩辉煌，与他相比，我差得很远，我想我还没有能力取代他。"

罗西笑道："不，陈，我并不是要你取代他。费拉里先生的能力是毋庸置疑的，我对他另有安排。而且我要告诉你的是，费拉里也非常欣赏你，是他向我举荐你的。我相信你一定能胜任这个职位。你过去跟费拉里交接一下工作，明天就正式上任吧！你看，任命书我都准备好了，明天，它将出现在我们公司的告示栏里。"说完，罗西扬了扬手里的文件。

离开罗西办公室后，升职的喜悦和压力在我的内心交织，担当主管，这对我而言，是一种全新的尝试，也是一项全新的挑战。

"好好干！"我暗暗为自己鼓劲。

第二天，我的任命书正式出现在了公司的告示栏里。同事们纷纷向我祝贺，我也搬进了原来属于费拉里的办公室，一切似乎都很美好。

可是几个星期后，厂长隆巴迪先生突然召开了一个全体中层以上领导都要参加的会议，这是我到路易吉制衣厂以来参加的第一个中层会议。

隆巴迪先生面色凝重，看着与会的每一位成员用低沉的声音说道："先生们，今天我们要说的是一个事关公司生死的问题。"隆巴迪停了停，接着说，"近年来路易吉公司业绩突出，这是公司每一位成员共同努力的结果。但是如今，公司的现金流出现了严重的问题。当各位在为国际市场丰厚的订单而高兴的时候，我却在忧愁，因为在我眼里，订单越多，就意味着我们的损失越大。到目前为止，公司有近 200 万美元的货款成了没有能力追讨的死账，这是公司成立这些年来最大的损失。如果任这种情况继续下去，后果将不堪设想。"

听了隆巴迪的话，我心中了然。其实对于出现的这种状况，我在刚进国际贸易部的时候就有所预见。这跟意大利服装业整体的经营模式有关，意大利服装业的经营模式是"赊销式"，即先发货给经销商，等到一个季度后或者年底经销商卖完了全部产品后，再结算货款。路易吉制衣厂是一个成立不到五年的小企业。当初为了拓展业务，拼命发展经销商，对一些来路不明的经销商也是来者不拒，因此，经常会有一些信誉不好的经销商拖欠货款，甚至有些经销商直接失踪，造成货款无法追回。这种事每年都会发生，聚沙成塔，这么多年过去了，公司的死账、烂账就如滚雪球一般越滚越大，终于对公司的资金周转造成了严重的压力。

虽然我早就觉得这种经营模式欠妥，但是刚进入国际贸易部时，我只是一个小小的员工，根本没有发言权。就算说了，这事关公司的经营模式，也不会有人听的。但今时不同往日，如今我已是公司最重要的国际贸易部的主管了，所以，我有责任，也有义务说一说。

于是我站了起来，在场所有的同事都用惊讶的目光看着我，他们没想到这么一个才升职几个星期的人会发表看法。我说："我认为，造成这种局面的主要原因是，一直以来，我们没有对经销商进行严格的管理和筛选。对那些信誉不好的经销商，与其被他们牵着鼻子走，不如我们果断地与他们断绝来往，并且直接诉诸法律。而对那些正在成长中的、有发展潜力的、信誉好并且渴望做强做大的经销商，我们应采取一些优惠政策，扶植他们，让他们将我们公司的产品作为主打产品去经营。我认为这是公司必须要实行的改革……"

我的话音未落，会场里就响起了很多议论的声音，隆巴迪先生皱了皱眉头，说："这样做会不会对我们公司的营业额产生影响？有很多有实力的经销商，我们是得罪不起的！"

"可是，这正是造成公司眼下困难局面的主要原因！我们不能再这样下去了！"我坚定地说道。

"那么依你之见，我们应该怎样做？"隆巴迪先生问道。

"我的想法是，我们必须对经销商进行筛选，剔除那些信用不好的经销商。这么多年，由于我们公司急于扩展业务，对很多经销商来者不拒，特别是一些大的经销商，虽然表面看起来，这些经销商有很强的渠道优势，可以帮助我们快速提升市场占有率，但事实上，很多经销商根本就没有用心地去经营我们的产品，他们依仗自己的渠道优势，反而一再地对我们提出不合理的要求，其中包括无限制地拖延付款时间和降低发货折扣。所以，从本质上来说，与大的经销商合作我们是得不偿失的。相反，一些小的经销商由于急于在行业内建立自己的影响力和渠道优势，他们的信誉和服务都会更好一些……"

我的话还未说完，经理罗西插言道："陈的意见我部分赞同，但砍掉大的经销商，也许只能解我们的'燃眉之急'，从长远角度来说，我们的销售额会大幅下降，在激烈的市场竞争中，我们同样很难生存下来。"

"是的，这正是我所担心的。"隆巴迪先生忧心忡忡地说。

"所以，我们必须同时进行另一项改革。"我说道。

"另一项改革？"大家重新把注意力聚焦在我的身上。

"是的！我们必须从数量经济过渡到质量经济，才能在市场竞争中立于不败之地！我们必须用过硬的品质吸引消费者，让我们的服装更具时尚感、更具美感、更能迎合消费者的心理。同时，我们也要加大我们品牌的营销力度，这将会使我们赢得消费者，而赢得了消费者，就赢得了上帝！如果我们能成为响当当的国际品牌，还会担心被经销商牵着鼻子走吗？"

当我说完这番话，我发现会场里安静极了。这时，我注意到隆巴迪先生点了点头，露出了少见的微笑。接着，他带头鼓起了掌。

在那一瞬间，我意识到，或许隆巴迪先生早就已经准备好要进行改革了，而我所说的其实正是他所期待的。

隆巴迪先生说："很好，陈，你的观点我非常赞同。我决定由罗西带头，由你来辅佐他，对我们原来的经销商的管理模式进行改革，重新甄选信誉良好并且能够用心为我们服务的经销商。另外，我们必须同时进行我们的品牌建设，我们要聘请更好的设计师，采用更好的面料，做出更受我们的'上帝'欢迎的衣服。"

会后，我的工作重点暂时转移到了对经销商的甄选上，我对所有的经销商进行了细致的分类，根据他们以往的表现，将他们归类为必须剔除、尝试性合作、可长期合作三类。罗西对我的工作表现十分满意，他说："陈，我果然没有看错你。你说得非常正确，我们必须加强路易吉这个品牌的实力和影响力，才能在竞争中占据优势！只有真正的大品牌，才能引领国际时尚潮流的趋势。"

我说："是的，罗西先生。意大利是一个服装王国，这里的服装品牌实在太多了，没有自己的特色，我们很快就会被淹没。但如果我们的品牌足够响亮，我们的设计足够吸引人，经销商就会自己找上门来，那时我们就能占据优势。"

经过这次改革之后，路易吉的资金压力暂时得到了缓解，公司业务开始向健康的方向发展。我也因此得到了罗西和隆巴迪先生更多的肯定和赏识，接下来的日子也过得既愉快又惬意。

经过这一段时间的努力，身边所有的一切似乎证明，我已经成功地融入了罗马社会，而不再只是一个孤独的外来者。

从我来到罗马开始，直到此时我在路易吉的国际贸易部站稳脚跟，期间只有两年多的时间。有时候我会产生恍然如梦的感觉，当初我饥寒交迫、孤苦无依地游荡在罗马的街头；当初我扛着沉重的布料，大汗淋漓地在工厂的车间里来回奔走；当初那个只够放下一张床的、四面透风的小房子……这一切的一切，那么近又那么远，真实而又虚幻。而如今的这一切，都是我千辛万苦努力后来之不易的硕果。想到这两年间的辛酸苦楚，我郑重地告诉自己，要加倍珍惜这来之不易的生活。

不知道从什么时候开始，我竟然成为了罗马青年华人学习的榜样。在华人区，经常可以听到老华侨们这样教育年轻人："你们要好好工作，多向人家陈田忠学习。你看人家，到罗马两年时间，就已经当上了制衣厂国际贸易部的业务主管了，钱挣得多，还不用做苦力。"

每当听到这些话的时候，我的内心总会有一种前所未有的成就感。但我深深地知道，我所取得的成就还远远不够。我陈田忠永远都不会做那种安于现状的人，我必须不断地挑战自我，并相信自己永远有能力创造新的高峰。

第四章

变则通

在人生的岔路口，每个人都有不同的选择，有的人选择了笔直的大路，有的人选择了弯曲的小路，没有谁对谁错，只要是自己喜欢的，就是正确的。

与"时尚"结缘

很长一段时间，我都一直重复着制衣厂、夜校、住处这样三点一线的生活，日子过得紧张而有节奏。然而，一场在罗马举办的大型时装发布会打破了我内心的宁静，它点燃了我对另一种生活方式的巨大向往。

那段日子里，罗马各大报纸的重要版面都在争相报道即将在罗马举办的一场大型时装发布会。由于这次发布会的规模要远远大于以往，罗马市政府对此很重视，所以罗马的主要街道上早早就树起了专门为发布会定制的灯箱广告，大街小巷上更是贴满了发布会的海报。在夜校里，有关发布会的消息也成为了大家热议的话题。

"陈，你知道吗？那发布会简直就是人间天堂！华丽的服装、闪耀的灯光、美丽的模特、可口的香槟、琳琅满目的美食……那真是我一生中最难忘的经历。"我在夜校的好朋友弗朗西斯科不厌其烦地在我面前讲述着他曾在发布会中的见闻。

弗朗西斯科的描述，让我陷入了深深的遐想，我的心突然开始被一种叫"好奇"的东西不断牵扯着，无法平静下来。况且，作为服装厂的中层，了解市场也是我的本职工作。

"弗朗西斯科，你有什么门路吗？我也想进去看看。"我试探着问道。

"哪有那么容易啊！我之所以能进去，那还是几年前，我在做服务生的时候，曾经为发布会做过服务。现在恐怕没有机会了，去那种地方的人要么是商界名流，要么是时尚界泰斗，我们这样的穷小子，只能想想罢了！一张门票相当于我们半年的薪水哦！"弗朗西斯科夸张地说。

"那真是太遗憾了！你就没有什么熟人吗？我真的很想进去见识一下。"我还是有些不甘心。

"熟人……"弗朗西斯科一副若有所思的样子，"哦！哈！我想到了……"

"快说！你想到什么办法了？"我急切地问道。"我有一个朋友叫里诺，专门做会场安保工作。说不定他能帮上我们！我们一起去找找他吧！"

"太好了！上帝保佑！真希望他能帮上我们！"对于这个转机，我满怀期待。

我和弗朗西斯科很快找到了里诺工作的酒店，在酒店的回廊里，弗朗西斯科与里诺熟络地打着招呼。弗朗西斯科直言不讳地说道："嘿，伙计，听说你这次又负责发布会的安保工作，你有没有什么门路帮我们进入发布会现场？"

里诺一口否决说："不行！抱歉！这次我绝对帮不上你们的！没有门票就连老鼠也别想钻进去！"

"不是吧？！"我和弗朗西斯科异口同声地说。看到里诺坚决否定的态度，我们都很失望。

在回去的路上，我有些无精打采，弗朗西斯科不死心地说："里诺这小子有时候假正经，你从中国来，有没有带来什么好东西，贿赂他一下，说不定他就会帮忙了。"

弗朗西斯科的话，一下子提醒了我，中国有句俗话说得好："见人要有三分礼！"平白无故托人办事总是行不通的，送点儿礼物没准真的能有机会。可是，我从家里出来的时候，哪里会想到今天这一步呢？只能到维多里奥街去买了。

我迅速地在大脑里搜索着中国的特产。

"饺子？对！我送给他中国的饺子怎么样？"我问弗朗西斯科。

"饺子是什么？"弗朗西斯科一脸好奇的样子。

"饺子是一种中国特色食品，很好吃的！"

"嗯，听起来似乎不错！但是，陈，我明天有事脱不开身，就不能陪你去找里诺了。""好的，弗朗西斯科，你有事就去忙吧，今天已经很感谢你了，放心，我可以搞定的。"

和弗朗西斯科分手后，我立即赶到维多里奥街，找到一家能做饺子的中餐馆，预订了两盒饺子。

第二天，我提着两盒热乎乎的饺子，再次找到了里诺。幸运的是，当时正是晚饭时间，在我的推荐下，里诺吃了几个饺子，他对饺子的味道赞不绝口。我趁机对他说，中国还有很多美食，有时间一定再送给他品尝。

里诺很开心。他是一个特别单纯率真的人，他吃了从未吃过的中国饺子后，主动对我说："陈，作为回馈，我可以帮你进入发布会。等发布会开始后，我可以带你从工作人员出入的专用通道进去。"

"真的吗？太好了！里诺先生您真是个大好人！"我兴奋地说道。

接着，里诺上下打量了我一番，他撇撇嘴说："你这身衣服可不行！那天你要穿得体面一些，一定要穿西装、打领带！不然就算我能带你进去，恐怕你也会被轰出去。穿着不得体是不能进入那样的场合的。"

我笑着说："没问题，你放心吧，我不会给你惹麻烦的。"

发布会举办的日子很快就到了，我提前从华侨朋友那里借了一套名牌西装。

那天，我早早地到了发布会举办的五星级大酒店，透过门口的玻璃窗，我再次仔细地打量了一下我自己，这身西装虽然有点儿不合身，但还算过得去，不至于被轰出去。我冲着镜子中的自己，做了一个 OK 的手势。

里诺如约把我从专用通道带进了时装发布会的现场。

进入会场的那一刻，我整个人都惊呆了，我从来没见过如此奢华的场面。会场内金碧辉煌，琉璃闪烁，巨大的水晶灯悬挂在屋顶上，射出耀眼的光芒。西装革履的绅士，雍容华贵、珠光宝气的女士，空气中弥漫着香槟和香水的味道。在这里我根本看不到生活的艰辛和现实的残酷，满眼都是富丽堂皇。所有的人都在那里轻声交谈，显得那么优雅从容，而此时的我忽然发现自己是如此的窘迫，感觉自己就像是进了大观园的"刘姥姥"，甚至不知道该怎么走路了，第一次穿上名牌西装的美好感觉在一瞬间便全部飞走了。我不敢跟任何人交谈，因为我怕我身上的土气冲撞了他们。我觉得自己与整个会场似乎格格不入，感觉自己就像华贵的皇家园林中的一块丑石那样渺小和微不足道。

就在我为自己的现状感到万分尴尬时，会场内的主灯突然熄灭了。接着，T 台上的灯亮了起来，背景音乐响起，刚刚还在谈笑风生的人们此时也都不约而同地安静了下来，把目光投到了 T 台上。

接着，身材高挑的模特们出场了，她们画着夸张的妆容，穿着华丽的服装，在 T 台灯光的照耀下，伴着背景音乐开始来回穿梭，还不时地摆着各种各样的 pose……

我第一次如此近距离地观看这样高规格的时装秀，受到的震撼也是前所未有的。这些最新、最时尚、代表未来一段时间最新潮流的服装，如此恰到好处地穿在模特身上，你甚至可以清楚地看到衣服上最细微的花纹，这可比电视上那一闪而过的镜头来得真实得多。我不得不佩服设计师们天才的想象力。我很庆幸能够见证这些未来潮流的诞生。

台下的观众目不转睛地看着表演，并不时窃窃私语，但他们的表情，是那么自然，如同农夫看他们的庄稼，牧民看他们的羊群。

我不禁感慨万千，也就是在这一刻我才知道，世界上竟然还有这么一些人在享受着如此雍容、奢华又惬意的生活。

在这之前我还不断地鼓励和安慰自己：一个人只身来到罗马，从一无所有到制衣厂的部门主管，已经是一件非常不容易的事情了。而今天，就在这里，我才知道，人与人的差距有多大，确切地说，我仿佛只是一个观众，而且和其他观众比起来，还是一个不够格的观众。他们在彬彬有礼、温文尔雅地打招呼和谈话，这里的一切都是为他们准备的，美酒、佳人、赏心悦目的服装……而我只能躲在角落里。那种感觉就像看电影，虽然就在现场，却有一层无法打破的隔膜，这道隔膜界线分明地将我和他们分开，让我与他们成为不同世界的人。

我又一次强烈地感受到了自己的窘迫，但是这次发布会给我打开了一扇通向另一个世界的大门，能让我一窥那个世界中的人们的生活状态。与他们相比，我还需要更加努力。我告诉自己，永远不要为自己取得的一点儿小成绩而沾沾自喜，要不停地向前看。

在这里，我清晰地看到了我跟这些上层人物的差距，同时也激起了我奋起直追的勇气和决心，没有几个人能生下来就过着这样的生活，只要努力，叫花子也能做皇帝。

"我要向他们学习，而且将来我一定能超越他们。"我不断地对自己说。

时装发布会在我心中掀起的波澜久久不能消退，它打破了我平静的心，一种强烈的危机感和奋斗意识在我心中勃然迸发，我渴望成为成功人士，并愿意为此付出万分的努力。但是在这之前，我要做什么呢？当然是学习。我总不能总是到了现场却跟人搭不上话，木偶一样站在那里吧？我需要了解最新的时尚动态、各种各样的服装知识、世界著名品牌服装的特点、世界著名服装设计师的风格等，总之很多。还好这些都跟我所做的工作有关，所以了解起来并不困难。

从此以后，我对"时装发布会"就有一种莫名的向往。在以后的日子里，无论是在报纸、电视上，还是街头巷议中，只要听到"发布会"这个词，我就异常兴奋，仿佛有一股莫名的电流在刺激着我的神经。

接下来的日子，每次一有发布会我都会去找里诺帮忙，就这样我又混进去了好几次。而每一次进去，我都能学到新的知识，了解到新的时尚动向。我将这些一点一滴地全部储存起来，因为我相信，我所看到的一切，将成为我成功的基石。在参加了多次的发布会后，我也不再像第一次那般窘迫了，渐渐游刃有余起来。

但是好景不长，里诺将我放进会场的事被人发现了，里诺因此受到了处罚，还差点儿丢了工作。因此，我也不好再去找他帮忙，可是我又没有别的熟人了。怎么办呢？我想了很久，并找里诺和弗朗西斯科商量，结果得到的答案是，如果想继续参加这些发布会，就必须自己掏钱买门票了。这个消息对我来说可真不是个好消息，要知道我的收入并不丰厚，每个月除了自己的花销和寄回家里的钱外，也只是略有节余。

可是每一场的发布会门票都价格不菲，真的买门票的话，那我的积蓄可能连一张票都买不起。我不禁为难了起来，可是如果让我就此离开发布会，那我太不甘心了，因为这是我目前唯一可以接触到上层社会的场所，而且我相信，这里有我人生转折的机遇。于是我决定，不管付出什么代价，我也要参加发布会。

以后在罗马举行的发布会，我几乎场场不落。为此，我不得不向我的华人朋友们借钱，很快，罗马的华人圈里都知道陈田忠借钱参加时装发布会的事了。他们都用同一种语气说："陈田忠疯了吗？"

他们并不了解我的目的，也不知道我要干什么，他们认为我干出一点儿小成绩就骄傲了，不脚踏实地了，开始堕落了。

于是，很多人纷纷对我进行规劝，希望我停止这种奢华的堕落。一些老华侨不厌其烦地劝说道："陈田忠，你干吗要去那种地方呢？那是我们能去的地方吗？你是不是钱多烧得啊？外面一杯咖啡只要20里拉，那里面一杯咖啡要几百里拉。你有这钱，不如积攒下来，到时候开个饭馆自己当老板不是挺好吗？"

当所有的规劝都不起作用的时候，我在意大利华人心目中的形象一落千丈，再也没有人说"你要向陈田忠学习"这样的话了。相反，现在经常听到的一句话是："你要踏实工作、好好努力，不要像陈田忠那样不务正业。"显然，我已经不再是那个辛勤工作、刻苦勤奋的陈田忠了，而是一个离经叛道、玩物丧志、无可救药的"败家子"。批评、指责、生活的拮据、朋友的不理解，一时之间似乎所有的艰难都涌向了我，在巨大的压力面前，我开始有些动摇了，我问自己：难道我真的做错了吗？但转念一想，我现在只是还没有找到一个能够说明自己的做法是正确的证明，这个证明就是我的工作业绩。

无法证明自己，就只好选择沉默。但我坚信，终有一天，我会把这个证明拿出来给所有的人看，当然，也给自己看！随着参加时装发布会次数的增多，我对意大利服装市场的了解也在不断地加深，我的一些见解和看法也慢慢地趋向专业化，正是因为这种了解的加深才让我在制衣厂的工作得到了巨大的发展，这些都是指责我的人们始料未及的。

小试牛刀

一天，我看到隆巴迪先生愁眉不展地坐在那里，手里不停地翻弄着几张设计图。于是我就走上前去问他："隆巴迪先生，有什么需要我帮忙的吗？"

隆巴迪抬头看了看我，摇了摇头："不，陈，你帮不上忙。"

我正准备转身离开，隆巴迪又叫住了我："等等，陈。"

我转过身来，隆巴迪将几张设计图递给我说："陈，这是我们接下来准备生产的服装的样稿，但我不知道应该选择哪几款。"原来是这样，看来隆巴迪并不认为我能帮助他，但他这个时候又想听听别人的意见，所以才叫住我。

我拿过图纸翻看了一下，这时，我注意到有两款衣服的样式非常眼熟，我回忆了一下，想起就在几天前的时装发布会上，我似乎在模特的身上看到过类似的款式，这让我惊喜万分。于是我指着这两张图纸说："我觉得这两款不错，无论是从颜色搭配上，还是从服装的样式上，都很新颖。"

隆巴迪拿过图纸看了看，然后怀疑地问："你不觉得这两款衣服太过新潮了吗？恐怕现在的人还不能接受吧？是不是其他几款衣服会好些？"

"不，先生，其他的衣服是不错，不过据我所知，那几款衣服别的厂已经在生产销售了，如果我们也跟着生产的话，就算能赚到钱，利润也不会太多。但这两款就不同了，这两款是最新的样式，既时尚大方，又新颖独特，现在市场上缺的就是这些，而且前几天我在一个时装发布会上看到过类似的风格，好像现在还没开始大规模生产呢，将来前景一定会很可观的。"

隆巴迪听了我的话，只是微微点了点头，就没再说什么了。

但接下来厂里生产的衣服就是我推荐的那两款，看来隆巴迪接受了我的建议。这些衣服投入到市场以后，反响很强烈，先期生产的衣服很快就销售一空，经销商们纷纷追加订单，这下隆巴迪可高兴坏了，私底下称赞了我好几回。

而接下来发生的一件事，更加坚定了隆巴迪对我的信任。

在一次时装发布会上，我发现了两款非常好看的服装。第一种是用质地柔软的料子制成的无领的配有装饰带的短上衣，既优雅时尚，又大方精干，而且这种搭配适合不同年龄段和任何体态的女性；另外一种是一款加长的上衣，这款衣服色彩明亮，款式新潮，而且可以灵活多样地进行搭配。我相信，这两款服装，将来一定会非常受欢迎的。我把这两种款式的服装推荐给了隆巴迪，建议他大批量生产。

对于我的判断，隆巴迪有些怀疑，但鉴于前一次的事情，他不得不重视我的建议。

"陈，也许这种款式，其他制衣厂早就开始做了，我们不能确保它会走俏，如果选择不好，那大批量的生产无疑会造成很大的损失的。"隆巴迪用疑惑的目光紧盯着我说。

"是的，先生，您的顾虑是正确的，我也十分重视这一点。所以，在向您推荐这两款上衣之前，我做了一次调查，的确有许多厂家都在生产这两款衣服。但遗憾的是，这些厂家都是按照固定的款式进行生产，没有进行任何翻新。"

"翻新？"

"对，翻新花样！"我继续说道。

"陈，你的思路非常不错，我很感兴趣，说下去。"隆巴迪饶有兴趣地点了点头。

"我觉得根据原有的款式，我们可以在长度和颜色上进行一些变化，当然这都可以成为稳定的式样。您应该知道，两套缝制工艺完全相同的服装，因为各种装饰和颜色的不同搭配，穿出来的效果是全然不一样的。而这两款衣服都是比较容易进行搭配的款式，我们可以在这些衣服上搭配上一些装饰物，这些装饰物不用成本太高，因为顾客可能将它们丢掉，然后根据他们自己的肤色、体型、爱好等自行选择和搭配其他饰品。"我认真地解释道。

"顾客可以自己选择和搭配？"隆巴迪惊讶地问道。

"是的，顾客可以自己选择，根据自己的体型特点或者是个人喜好。"

"陈，真想不到你对当下时装有这么深刻的认识和独到的见解，你的想法非常独特，我非常赞同你的建议。"隆巴迪很兴奋。

我推荐的这两款衣服上市之后，果然非常走俏，隆巴迪又大赚了一笔，这使得他对我更加信任，还破例给我加了一次薪。

通过这两件事情，我更加坚信自己的选择。同时也明白了，其实生活中的许多事情不是没有可能发生，而是你认为它不会发生，你没有勇气按照自己所想的去做，没有勇气去证实自己想到的是正确的，这也是许多人没有走向成功的根本原因。

我品尝着胜利的果实，充满信心地期待着美好的未来。而且谁也没有想到的是，我居然能够从发布会的旁观者变成真正的参与者，世界真的很奇妙。

选择决定命运

生活还在继续，我现在每天除了上班、去夜校之外，参加时装发布会已经成为我生活中不可缺少的一部分。但是时装发布会不是时常举行的，所以我的生活更多的还是在路易吉里度过。最近路易吉的生意很不错，因为来自亚洲的订单逐渐多了起来，这让隆巴迪非常开心。因此，隆巴迪常常以先知的口吻对我们说："朋友们，以后我们的工作重心要多向亚洲倾斜，因为那里将是世界的另一个中心。那里聚集了世界近一半的人口，而且经济发展速度越来越快。我可以这样说，在不久的将来，亚洲一定能够跟西方相提并论。"对于隆巴迪的看法，我是很赞成的。通过分析我从国内得到的消息，我觉得中国已经开始起飞，而且必将是一飞冲天。那将是一个巨大的改变，身为中国人，谁都无法置身事外，我也不能。但至少现在我的生活平淡而又忙碌，每天除了安排手下的人工作之外，还要写报表、跟隆巴迪通报遇到的问题、统计营业额等，如果不是可以偶尔参加时装发布会，那生活真是太枯燥无味了。

在参加一次规模并不大的时装发布会时，我认识了一位叫安东内利的模特经纪人。在我称赞那些模特的专业能力时，他得意地说："那是当然，能在罗马演出的模特，都是世界级的，哪个不是百里挑一挑出来的！"

我说："是啊，不过应该不难找吧，哪个模特不想到罗马来演出呢？"

安东内利说："也不尽然。这里是西方，所以西方面孔的模特并不难找。但是东方面孔的模特就太难找了。但是现在的问题在于，东方面孔的模特的需求量越来越多了，但符合要求的人太少了。"

听了安东内利的话，我脑中灵光一现，这不就是一个机会吗？我马上跟安东内利说："你们需要东方面孔的模特吗？那你看我行不行？"安东内利听了我的话后，愣了一下，迟疑地说："你？难道你是模特？"我说："不，不，我是一家制衣厂的国际贸易主管，但我非常希望能够参加模特演出。"安东内利说："嗯，你的身材倒不错，比例也很匀称，但是我们需要的是专业的模特，你恐怕不行。"

我说："为什么你不让我试一下呢？我虽然没有经验，但是我相信自己对时装的感觉不比任何专业的模特差。我知道，模特不仅仅要身材好、走得好，更重要的是他们需要一种感觉，这种感觉使他们能与服装产生一种完美的默契，能让观众从他们身上感受到服装的无穷魅力，这才是最重要的，您说对吗？如果可以的话，您不是也多了一个亚洲模特吗？"

安东内利显然被我说动心了，他想了一下，说："好吧，等发布会结束后，你走一下台给我看看吧。"

发布会后，我跟着安东内利来到后台。从来都是在台下欣赏台上的表演，这是我第一次走上 T 台，没有绚丽的灯光，没有热烈的掌声，但我仍然十分高兴。我学着超级模特走秀的神态、动作和表情，自如地走上台，一点儿紧张的感觉也没有。我把自己想象成一个超级男模，穿着世界上最顶尖的设计大师设计的时装，走在最顶级的 T 台之上。安东内利抚着下巴看了一会儿，然后叫停。

"你真的从来没有演出过？我是说，你确定你之前没有参加过关于模特的培训吗？"安东内利怀疑地说。

我说："是的，我没有参加过任何关于模特的培训，我只是经常参加时装发布会，经常看模特在台上表演。"

安东内利叫道："那你可真是个天生的模特，好吧，就是你了，以后如果有什么演出，我会叫你的。不过由于你不是专业模特，所以费用可能会少一些。"

我兴奋地说："那没关系的，我有自己的工作，这个只是业余爱好，费用多少对我来说问题不大。"

就这样，我成为了一名兼职模特，这不但为我增加了一些额外的收入，而且可以让我更加近距离地接触到最新的时装。因此，我对时尚、对时装的见解也越来越深入，这为以后的发展奠定了非常好的基础。

对于我做兼职模特的事，我并没有跟经理罗西说，因为我不想让他知道，我怕他知道了，可能会不高兴。由于我的合理安排，兼职模特对我在路易吉的工作影响并不大，而且我也总能很好地完成公司分派给我的任务，所幸，老板和经理对于我私下的生活并不关心，这是西方世界的常态。

但这事没能瞒得过我的那些华人朋友，很快，罗马的华人世界就知道了我当模特的事。这可比我参加时装发布会更加震撼人心。因为在那个年代，在华人眼里，靠在台上表演给人看的职业是最下等的职业，如同在国内的街头卖艺一般，被人看不起。于是这就更加坐实了我堕落的事实。不过更令他们惊奇的是，我居然还能在路易吉制衣厂里上班，而且丝毫没有被开除的迹象。在跟他们交往的过程中，我能明显地感觉到他们对我的疏离，对于这些，我一笑而过，我知道我以后的生活会跟他们不一样。虽然我的选择现在不能被世人所理解，但是我坚信我的付出一定会有回报的。

我会用事实告诉他们，我现在所做的事情是有深意的。

我想起了美国诗人罗伯特·弗罗斯特《未选之路》中的诗句：

黄色的树林里分出两条路，
可惜我不能同时去涉足，
我在那路口久久伫立，
我向着一条路极目望去，
直到它消失在丛林深处。
但我却选了另外一条路，
它荒草萋萋，十分幽寂，
显得更诱人、更美丽，
虽然在这两条小路上，
都很少留下旅人的足迹，
虽然那天清晨落叶满地，
两条路都未经脚印污染。
呵，留下一条路等改日再见！
但我知道路径延绵无尽头，
恐怕我难以再回返。
也许多少年后在某个地方，
我将轻声叹息把往事回顾，
一片树林里分出两条路，
而我选了人迹更少的一条，
从此决定了我一生的道路。

在人生的岔路口，每个人都有不同的选择，有的人选择了笔直的大路，有的人选择了弯曲的小路，没有谁对谁错，只要是自己热爱的，就是正确的。

事实上，我并没有等待多久，一个改变我命运的机会就降临了。

机遇降临

在意大利，所有的时装发布都会奉行这样一个宗旨：显示实力，向社会演绎时装的魅力，引领最前沿的时尚潮流。但是，为了彰显权威性，组办者并不希望个体消费者前往参观，这使得许多渴望零距离接触时装发布会的普通民众只能望洋兴叹，他们观看服装发布会唯一的途径就是电视台转播的时装模特大赛。

模特大赛与时装发布相结合，是意大利国际服装服饰发布会的传统。很多名模从这里走出，走出罗马，走出意大利，走向全世界，意大利模特大赛也因此确立了其在世界时装界的权威地位。

也许是意大利的亚裔模特真的很少，我在模特界里的名声渐渐传播开来，我也能参加越来越多的时装发布会，而时尚界的人士也逐渐地开始熟悉我。有时候在发布会现场，经常会有人过来跟我聊天，夸赞我的表演。但是他们仅仅是把我当作一个模特，他们并不了解我心中的期待。在跟他们聊天的过程中，我也慢慢了解了意大利服装业的总体现状，这对我的工作有很好的参考价值。

那一天，我参加了一个规格极高的时装发布会，绚烂夺目的灯光，流光溢彩的舞台，典雅时尚的时装，风姿绰约的模特，珠光宝气的观众，虽然这一切对我已不再陌生，但每次身处这样的场景，我都如初见般的惊奇与兴奋，内心深处总是有一种无法言说，更无法掩盖的激动，这也许就是我与时装、与时尚注定的缘分吧！

在中场休息的时候，一个年近五旬，并且有些面熟的人向我致意，我回礼后，他走了过来。经过了解，我得知他叫法比奥，是一个服装品牌的老板，同时也是一个设计师，还为著名品牌"阿玛尼"进行代工生产。他早就知道我是一个模特，所以只是随意地聊天，但我的一些见解十分独到，这引起了他的兴趣。于是我们越聊越投机，很快，我们就成为了朋友。

在这段日子里，我也非常关注国内的一些信息。当然，由于当时中国的国力较弱，因此，在西方媒体上很难得到国内的消息，我只能从亲人朋友那里打听。虽然消息不太多，但大致可以了解中国当时的情况。当时中国正在全力发展经济，并大力引进外资，对于以前不敢想象的私营经济，也采取了十分宽容的政策，鼓励私营经济的发展。我家乡也有很多人出去做生意，赚了大钱后，回家盖起了楼房。这一切都让我感觉到，中国的春天已经到了。

那天，在参加完一个时装发布会后，主办方举行了一个小型酒会，法比奥端着酒若有所思地站在那里。于是我走了过去。

"嗨，法比奥，今天的酒味道不错啊！"我微笑着说。

法比奥说："哦，是吗？也许吧！"

我看到法比奥一副闷闷不乐的样子，问道："法比奥，怎么啦，好像你不太开心啊！"

法比奥说："没什么，不用担心我。"

"法比奥，有什么事就跟我说一下，用中国人的话说，多一个人就多一些办法。"

法比奥点了点头说："嗯，很有道理。"

接着，法比奥就把他苦恼的事告诉了我。原来法比奥的工厂给"阿玛尼"做代工，而且这是法比奥工厂收入的重要来源。但是近年来，由于人工、原料等各种成本的上升，这一块的利润越来越低了，而他又不敢涨价，因为意大利的制衣厂数量很多，每个人都在拼死争夺市场份额，如果他涨价，就有可能失去这一块利润来源，更会失去跟"阿玛尼"这么多年来辛苦建立起来的良好关系。

听了法比奥的话，我心中不由一喜，这是一个很难得的机会啊！

于是我问法比奥："这是一个很麻烦的问题，那你有没有想到什么办法？"

法比奥摇了摇头说："办法是有，不过都不太可行，看来只能先这样了。"

我说："这是意大利服装业的整体情况，但不是没有办法改变。"

法比奥眼睛一亮："哦，陈，你有什么办法？"

我对法比奥说："你知道，我是中国人，如今我的国家已经向全世界敞开了怀抱，中国百废待兴，经济正处于腾飞的起点。中国政府非常欢迎外国资本在那里投资，为此政府推出了一系列的优惠政策，进出口税率降得很低，对于国际贸易来说非常有利。而且中国的劳动力成本非常低，这可以节约大量的成本，获得更大的利润。难道，你不认为眼下就是一个绝好的机会吗？"

法比奥连想都没想就叫道："天啊，这太不可思议了！"他摊开双手接着说道，"陈，这怎么可能！你知道商人是不做赔钱买卖的，我佩服你的冒险精神，但你的想法太异想天开了！"

"为什么？法比奥，你知道我没有开玩笑。"没想到法比奥这么果断地拒绝，我有些难以接受。

"陈，你说的事我不是没有了解过，我朋友的企业也曾在中国投资办厂，但最终还是血本无归，我不认为中国的成本低廉。你也许还不了解，当初，我也萌发过开拓中国市场的想法，但这一想法被我朋友的教训完全打消了。"法比奥说。

"法比奥，请相信我说的话，一个不了解自己国家的人是悲哀的。况且，你是我的朋友，我不会害你。我不知道你朋友的企业在中国是什么情况，或许是他的经营策略出了问题，并不是中国的政策和环境所导致的，这也并不能代表中国没有市场。法比奥，作为一个商人，你有着天生的敏锐的商业嗅觉和原则，没有把握的事、赔钱的事你不会做，我也不会让你去做。但是这么巨大的商机你难道真的就看不到吗？我真的不想让你失去这次难得的机会。"我坚定地看着法比奥。

法比奥捏着下巴陷入了思考，从他疑惑的眼神看，他还是很难将当时的中国与未来的大市场相联系，他可能在忧虑，这么贫穷的国度有什么市场可言，那里也许根本就无法产出品质优良的产品，如果这样，降低成本就更是天方夜谭了！

我理解法比奥的顾虑，毕竟我的想法仅止于口头，并没有可行性的调研资料供他参考，如果不用事实来说服他，他是不会贸然答应和我合作的。但法比奥接下来的话表明，他所担忧的并不是我所考虑的问题。

"陈，我并不担心这些，全世界的服装业都知道，中国是一个历史悠久的国家，更是一流的纺织大国，那里的丝绸闻名世界，很早之前我就听说了。"法比奥镇定地说。

他对中国有这样的评价，让我很吃惊，这无疑为我接下来的说服工作增加了几分胜算。

"法比奥，那你担心的是什么问题？"我追问道。

"陈，你是知道的，中国是一个社会主义国家，而意大利是资本主义国家，这种合作是不现实的。"法比奥终于说出了他的顾虑，原来他并不是没有看到中国的市场潜力，而是在担忧中国的政策。

找到症结就好入手了，我看着他的眼睛，坚定地说："法比奥，你应该对中国充满信心。现在的中国，传统格局正在迅速变革，旧的意识在逐渐改观，否则皮尔·卡丹也不会这么顺利地就挺进中国庞大的市场。"

"我听说台湾和香港的市场前景更好一些，那边与中国大陆似乎是两个世界，开放的程度也更大一些。"法比奥的话表明他已经有点儿动心了。

"法比奥，对我来说，香港人也好，台湾人也好，大陆人也好，都是中国人。请你相信现在的中国，大陆将会走得更快，许多大陆以外的中国人都想帮助祖国快速发展起来，他们争先恐后地把资金投向大陆，将来大陆会成为世界上最大的商品市场，这是毋庸置疑的。至于质量问题你就更不用担心了，正像你说的那样，中国的纺织业历史悠久，技术成熟的程度是不用怀疑的。"我的语气非常坚定，因为我看到了法比奥眼里的亮光越来越明耀。

"听起来好像很有道理。"法比奥说。

"据我所知，你的工厂开在西班牙，也许那里的各种成本比在意大利便宜。但是如果拿在西班牙的成本跟在中国的成本相比，简直就是天壤之别。"看着他的样子，我又接着说。

"陈，你说的事的确让我很心动，但是，这对我这个小企业来说是一件大事，我要好好考虑一下。"法比奥动心了，但他并不能马上下定决心，对此，我非常理解，毕竟任何投资都存在一定的风险，这也是一个商人必须考虑的事情。

看着法比奥的样子，我抱着必定要合作的决心对他说："给我一些时间，我会用事实向你证明与我合作是正确的选择。"

法比奥微笑地看着我，没再说什么。

为了彻底打消法比奥的顾虑，我与法比奥商量，让他提供几件样品，由我带回国去，让国内的工厂进行加工，如果加工的质量能让他满意，并且证明成本真的非常低廉的话，那我们就开始合作；如果他不满意，那我们就不再讨论此事。

果然，法比奥精明地笑了笑，说："陈，太好了，这正是我所希望的，我期待你的好消息！"

但是法比奥还是不太放心中国的纺织技术。于是他拿了几件"阿玛尼"的内裤给我，希望我能在国内找到能做出一模一样内裤的厂家。我爽快地接受了这项任务，我相信这会成为一个很好的开始。

当我向隆巴迪先生提出辞职时，隆巴迪对我极力挽留。但我开创自己事业的决心是坚定的。就这样，我离开了路易吉，离开了这个让我难忘的地方。

接下来，我以最快的速度去办理回国手续，当一切都办理妥当，机票拿到手上的那一刻，一种复杂的滋味涌上心头。我问自己：离开家多久了？家里的亲人还好吗？家乡的变化大吗？一切的一切，让我归家的心情变得越来越急切！

第五章

充满艰辛的创业之路

对于企业来说，最重要的就是信誉，对外很重要，对内同样很重要。无论你的企业是大是小，都必须讲信誉，丧失了信誉，无疑是断了自己的手足，你永远也别想再有大的发展。

1984 年秋，怀揣着生命中的第一笔订单，我踏上了归国的旅途，随着飞机缓缓降落，我回到了阔别四年的祖国。虽然经历了长距离的空中飞行，但从海关走出来时，我的精神仍旧格外好。

　　在异国他乡的这些年，我无时无刻不在思念祖国，思念家乡的亲人。如今终于回来了，我觉得自己就如同一只渴望归巢的小鸟，正飞向久别的家园。

　　离家近了，我的心情也更加激动。

　　终于见到母亲了，我看到母亲黑发间爬满了银丝，脸上也堆积了很多皱纹，泪水一下子就模糊了我的双眼。在国外的这些年，无论遇到任何困难，我都从来没有让自己在人前掉过眼泪，但这一次，面对挚爱的亲人我再也无法控制住自己的情感。我紧紧地拥抱住母亲，任凭泪水肆意横流。

母亲也紧紧地抱住我，"呜呜"地哭出了声。

倔强的父亲没有流泪，但是我看得到他眼中的幸福与欣慰。他用少有的温柔的声音说："累了，就好好歇歇吧！"除了这句话，父亲再没有多说什么。我知道，这就是我的父亲！

一一拜访了家里的亲戚之后，我开始着手考虑订单的事情。虽然不知道前方等待我的是青草碧绿的一马平川，还是沼泽泥泞的艰难旅程，但我已经做好了准备。在经历了种种考验，走过了最为艰难的岁月之后，我坚信，我一定能克服所有的困难抵达胜利的终点！

我认真计划着接下来的事情，首先要做的，就是要在福州找到一家愿意承接这笔国外业务的企业，可这又谈何容易。在改革开放之初，中国对外来的东西还存在着信任危机，尤其是国内的工厂大部分都是国有企业，如果没有一个可靠的人来担保，想要寻求合作，几乎是不可能的。

那几天，我愁得吃不香、睡不着，四处托关系、想办法，后来打听到高中时一个同学的父亲是福州军区的司令员，我想或许这位同学能帮得上忙，就千方百计地联系上了他。

老同学多年未见，自然少不了一番寒暄。之后，我便直入主题说道："我在意大利有一笔来料加工的订单，想在福州找个厂子来做这个业务。如果，这笔单子成了，今后还会跟更多的意大利服装厂合作，这对家乡经济的发展非常有好处。"

同学高兴地说："陈田忠，行啊你，真是没想到，几年工夫，你就大不一样了！这事应该不难，现在政府正在大力畅导增加外汇储备，一定有很多工厂愿意接下这样的订单的。我回去就跟我父亲商量一下，一定帮你找一个技术好、规模大的工厂。"

制衣厂在同学父亲的帮助下非常顺利地找到了，是福建纺织制衣厂。

当我来到制衣厂时，他们听说我是从意大利回国的，于是，误以为我要给他们的工厂投资，他们兴奋地对我说："陈先生是意大利华侨，这次回乡投资，贡献绝对是非常大的。陈先生年纪轻轻，竟有如此爱国爱乡情怀，真是可敬可佩呀！不知这一次陈先生能投多少资金呀？"厂长笑容满面，接连不停地问我。

"不不不，厂长，我想您是误会了，我不是来投资的。"我连忙摆手说道。

"不是来投资的？那你是来做什么的呢？"在场的几位厂领导一时间全愣住了。我赶忙解释道："我有订单，是世界著名服装品牌阿玛尼的意大利工厂给的订单。"

我故意停顿了一下，接着说道，"如果你们不愿意合作，我可以把订单给别的厂家。"

听我这么说，厂长当机立断道："陈先生，这是哪里话，订单就是钱，这对我们来说都一样，我们愿意合作。陈先生，把样品拿给我们看一下吧！"

我从背包里取出样品，递给几位厂领导，他们仔细地观察着样品，还时不时地小声嘀咕着。我开门见山地问道："依诸位看，依据厂里现有的技术水平，能否生产出与样品一模一样的成品？"

厂长胸有成竹地说："绝对没有问题！我们厂里有经验最丰富的老师傅，他们手里的活儿绝对能让您满意！再说这个活儿是帮外国人生产的，这代表着咱们中国人的脸面，说什么也不能给中国人脸上抹黑不是！要不然，我带您到车间去转转，看看我们的机器和技术设备吧。"

"好啊！我正有此意！"我乘势说道。

在厂长的带领下，我来到了生产车间。车间里的场面远远超出了我的想象，工人们穿着整齐的工作服正在热火朝天地干着活，一件件成品整齐地码放着，地面上干干净净，整个车间看起来井井有条。我把产品图纸、布料，还有样品，交给了厂里负责加工的王师傅，他将图纸和布料拿在手里仔细地看了又看，然后笑着对我说："陈先生，您放心好了，我们一定会做得和您带来的样品完全一样，甚至比样品还会更精细，您就等着看结果吧！"

几天后，王师傅把加工好的成品交到了我的手上，我将他们生产的成品与我带来的样品进行了细致的对比。这一比较，我那一颗悬着的心总算放下了。我发现国内的服装加工技术果然不错，不管是缝纫的手艺还是剪裁的技术，都足以与国外最优秀的服装加工厂相媲美，成品也的确丝毫不亚于我从意大利带回来的样品，甚至做工比意大利的还要精细。

更让我惊喜的是，从王师傅那里我还得到了这样一个信息，就是，如今国内的纺织物的织数都达到36织了，而且最关键的是，它的价格要比国外低廉得多！

王师傅的话，给了我一个灵感，让我从中看到了另外一个巨大的商机。

一个月后，我带着这批加工好的成品，返回了意大利。回罗马前，我与法比奥取得了联系，要求他一定亲自到机场接我。法比奥了解我的性格，如果不是有什么好消息要在第一时间告诉他，我是绝不会让他接机的。

刚下飞机，我就急着走出通道，远远看见接机口的法比奥。我按捺不住心中的喜悦，几乎是小跑着迎上前去的。

法比奥说："陈，看你的表情我就知道，你此次去中国一定收获不小！""那当然！法比奥，我将给你一个大大的惊喜。"我自信地说道。

在回去的路上，我迫不及待地拿出了在福建加工好的成品给法比奥看，通过与样品进行细致的对比，法比奥竖起了大拇指说："陈，你们中国的服装加工技术还真不错，果然没有让我失望！"

"那当然！在我的国家，人们做事都非常认真仔细，尤其是对外加工业务。许多人把这件事视为国家荣誉的象征。他们宁愿自己辛苦一些，也会追求品质的尽善尽美。"我充满自豪地说道。

"陈，听你这么说，我实在太高兴了，看来这笔生意，我们可以更广泛地合作下去了！"

"不仅如此，法比奥，我还要再给你一个惊喜！你看看这个。"说着，我拿出了早就准备好的棉纱样品递给了他。我告诉法比奥："这是我们中国生产的棉纱，你先看看它的质地。"

法比奥接过我手里的棉纱，仔细地端详着，仿佛是在欣赏一件艺术品。他忍不住赞叹道："上帝，太完美了！这真的是中国生产的吗？""当然！千真万确！更重要的是它非常非常廉价，它低廉的价格远远超出你的想象！""陈，这次你回中国可真是赚大了！"法比奥兴奋地嚷嚷道。

就这样，我与法比奥开始了更加广泛、深入的合作。首先，法比奥将他所代理的世界级大品牌的服装订单几乎全部都转交给了我，由我在中国找到合适的制衣厂，负责来料加工事宜，待制成成衣后再交给法比奥，我可以从中赚取一部分劳务费。与此同时，我与法比奥也建立了第二项合作：我将国内优质的棉纱以低廉的价格大批量收购之后，再加价出口到意大利，由法比奥的纺织厂纺成布料后，再运回中国成为代加工订单的服装来料。

我不再是法比奥的雇员，而成为了他的合伙人。我真正地开始了自己的创业之路。

大约有一年多的时间，我不知疲倦地往返于祖国和意大利之间，专心地做棉纱的出口以及服装的来料加工业务。一批批棉纱原料从中国运送到意大利，纺织成服装面料后，又从意大利运回到中国进行加工，待做成服装成品之后，又再次从中国运到意大利。然后，这些服装开始在世界各地销售。

来料加工的事业一直进行得很顺利，我很快从单纯地代加工阿玛尼内裤扩展到成衣的加工，如衬衫、牛仔裤等。同时，我的合作伙伴也从法比奥迅速扩展到其他服装品牌的代理商。那个时候我每天非常忙碌，因为来料加工的事说起来简单，事实上它涉及非常多的环节，如果稍有不慎就会出现差错，以致造成重大的损失。记得那年夏天，天气异常闷热。我正在工厂里检查工人加工牛仔裤的进展情况。我的助手小何忽然急冲冲地跑过来，对我大声嚷道："老板不好了！意大利那边要求退货了！"

"什么？要退货？出什么事了？"我的心里一惊，已经全然没有心思再检查了。我和法比奥的合作一直都很愉快，我很难想象究竟出了什么事情，使他会做出如此令我们彼此都会感到尴尬的决定来。

我立即着手调查此次事件的原因。真相很快就查明了，原来是制衣厂负责看图纸的师傅将尺码弄错了，所以工人生产出来的成衣尺寸普遍都偏小，根本就不适合欧洲人的体形。东西不是人家想要的，人家自然会退货。

当得知事件的原因之后，我的脑袋"嗡"的一下。我万万没有想到，一个环节的失误，竟会造成如此巨大的损失。这批货的数量实在太大了，而我从中赚取的劳务费其实是非常低的。如果要我赔偿布料、加工、运输以及延误商机的全部损失，我就算倾家荡产也赔不起呀！

为了能够尽可能地挽回一些损失，我硬着头皮拨通了法比奥的电话。显然，这件事让法比奥很生气，无论我怎样努力地解释，似乎都无济于事。他只告诉我一句话，这批货数量很大，而现在它们毫无用处，他什么都不想听，只想看到能令他满意的结果。

我已经完全不能思考了，甚至连一句为自己辩白的话也说不出来，只能呆呆地承受着法比奥的指责。挂上电话之后，法比奥的话还在我的耳边回响着，一直挥之不去，我该怎么办？接下来我该做些什么？

待心情平静之后，我想到的第一件事，就是赶快打电话到制衣厂要求工人马上停工，以免造成更大的损失。

怎么办？我不断地问自己。现在就算是把我所有的积蓄全都拿出来，也不够赔偿，而且拿出了这些钱也就意味着，这么多年，我所有的努力都付诸东流了。

正在我苦苦寻求解决问题的办法时，表哥忽然从危地马拉打来电话，说最近有一批在家乡福建加工的货已经完工，要运到新加坡、中国台湾和中国香港等地，让我抽时间帮他盯一下。

表哥说："……最近亚洲的市场很火爆，对各种服装的需求量很大，以后我要加大与新加坡、日本、中国台湾的贸易合作了……"

"亚洲的市场？"我忽然灵光一闪！

这批货的号码普遍偏小，不适合欧洲人穿，那能不能借着表哥在亚洲的销售渠道，将这些牛仔裤卖出去呢？想到这里，我赶紧说："表哥，我最近帮意大利的一家公司加工了一批牛仔裤，可是由于工人的疏忽，牛仔裤的尺寸给弄错了，加工出来的成品尺寸普遍偏小，根本就不适合欧洲人穿。客户现在要求全部退货，而且要我赔偿他们的损失。这批货数量太大了，就算要我倾家荡产恐怕也赔不起。我现在急得要发疯了，您有没有什么门路，帮我把这批货卖到亚洲市场呢？这样我的损失还能小一点儿。"

"如果裤子没有质量问题，并且亚洲人能穿的话，我倒可以帮你想想办法。我联络一下我在新加坡、中国台湾、日本和韩国的经销商，看看他们是否愿意接收。"表哥爽快地说道。

"我确认这批裤子的质量绝对是一流的，而且号码全部是亚洲人的尺寸，不瞒您说，工厂的师傅就是因为把尺寸做成了中国人惯穿的型号，所以才造成退货的。质量与型号我绝对能保证，如果哥哥能帮我搞定渠道，销售所得的百分之五十的利润，我愿意都回馈给您！"

"唉——一家人不说两家话，我一定全力以赴帮你渡过难关，你等我的好消息吧。""太好了，福建这边的事您就交给我吧，我的事就全靠哥哥您了。"

放下表哥的电话，我开始了焦急的等待。我在心里默默地祈祷着，但愿天无绝人之路，就算价格稍低一些，只要能顺利地把这批货卖出去，我就不至于倾家荡产。等待的感觉是万分痛苦的，我每天度日如年，如热锅上的蚂蚁一般焦急地守在电话机旁，生怕错过了表哥的电话。

就这样，一等就是一个星期，表哥终于打来了电话，他说他帮我联络好了经销商，他们给了一个还算不低的价格，愿意全部接收这批货，而且是有多少要多少。

听到这个消息，我的心一下子就从地狱跳到了天堂。真没想到，亚洲市场会对牛仔裤有如此巨大的需求。

在表哥的帮助下，这批原本要砸在手里的牛仔裤，终于得以顺利地销往新加坡、中国台湾、马来西亚等地。我长长地舒了一口气。拿到货款后，我按照法比奥的要求给了他赔偿。总体算下来了，这笔生意虽然亏了一些钱，但事情总算是得到了圆满的解决。

有了这样的经历，我也开始反思自己的现状，在整个产业链上，我赚取的只是一部分微小的利润。在生意中往往要受到"上游客户"和"下游工厂"的双重制约，不仅利润空间非常小，而且几乎没有话语权和控制权，另外，这样我也很难把握产品的质量，工人稍有疏忽，就会酿成巨大的损失。我不希望这样的情况再发生第二次，同时我也希望自己能赚取更多的利润，于是，我萌生了自己创办制衣厂的念头。

3000 元创办自己的制衣厂

倒订单倒了一年多，经历了"牛仔裤事件"的危机之后，我告诉自己，我必须开办自己的制衣厂。中间的加工费，我必须要留下来，如果只赚中间的手续费，我要何年何月才能完成资本原始积累。

但是开办制衣厂需要大量的资金，而我的全部家底加在一起才只有3000 元人民币。虽然在那个年代 3000 元人民币对一个普通人来说已经算得上一笔巨资了，但是对于开一家制衣厂而言其实根本就是杯水车薪。

但资金的不足并没有使我放弃自己开工厂的念头，我相信凡事结果导向，办法总是会有的。

那一段时间，我每天除了正常的工作之外，大部分时间我都会泡在图书馆里，研究一些企业经营管理方面的书，这样的日子持续越久，我创办自己的制衣厂的想法就越坚定。

我把这个想法告诉了法比奥。法比奥对我说："陈，你要知道，自己开厂并不是一件容易的事，更何况你现在的资金这么少。你应该再跟制衣厂合作几年，等积累了更多的资金后，再去实现你的梦想，我想这样会更好。"

对于法比奥的建议，我相信他是真诚的，发自内心的。毕竟他在这个行业打拼了那么多年，他对于这个行业的深浅，了解得比我多。而且现在我们合作得很好，对他对我都十分有利，应该说，他的建议是一种非常稳妥的选择。但是天生喜欢冒险的我实在等不了那么长的时间去慢慢累积财富。

我对法比奥说："法比奥，我明白你的好心。但是我做事向来喜欢出快拳，我喜欢冒险。稳妥的做法向来不是我的选择，我不会像大多数人一样选择没有风险的生活。因为没有风险也就意味着平庸。虽然现在中国民营制衣厂不多，但随着服装贸易的深入，会有越来越多的人看到这个商机，要知道，中国并不缺聪明人。我现在虽然资金不多，但是我相信办法总会有的。所以法比奥，我会成功的。"

法比奥见我如此坚定，也只得对我说："愿上帝保佑你！"

就这样，我结束了做来料加工的日子，开始为一个崭新的梦想而努力，我清晰地记得，那是 1985 年的夏天。

飞机又一次航行在那条我熟悉的航道里，伴随着决心与祝福，我开启了人生中最为重要的一次征程。坐在机舱内，我想象着这些年我的同胞在衣着上的种种变化：相对于过去街头单调的灰色、蓝色、土黄色的中山装，中国人的着装已经发生了翻天覆地的变化，人们的着装色彩多了、亮了，款式新了，很多年轻人也赶起了时髦。越来越多的人开始意识到，服装不仅能体现个人的身份，而且能满足灵魂的需要，更重要的是它反映了一个民族的精神面貌，服装是社会与时代前进的一个标志。

我在福建宁德市注册成立了属于自己的公司。公司的名称是"闽东金顺达高级制衣有限公司"，这个公司的名称我想了好久，它包含了我的愿望和理想：金——诚至金开，顺——一帆风顺，达——腾达向上。这些都是我内心最真实的愿望，也代表了我一定要成功的决心。

那个年代，国家和政府都在积极倡导和鼓励华人华侨归国创业，在政策上也给予了极大的支持。因为外资企业的进驻，不仅会带动当地的经济，还能够为当地政府创收外汇。因此，在办厂的过程中，我得到了当地政府许多的帮助和优惠。

3000 元钱，对于当时普通的中国民众来说，不算是一笔小数目，但对于决心要创业的我来说，着实太微不足道了。我在本子上认真地规划着这仅有的创业资金，一角一分都要精打细算，这些钱是一定要用在刀刃上的，哪怕是一分钱也绝不能浪费！

我在周宁县城里租了两间 30 平方米的平房作为厂房，年租金加起来 600 多元，又用余下的钱，购置了 10 台缝纫机，这几乎用去了我全部的资金。关于公司的业务，我想先从来料加工做起，慢慢再扩展到成品生产以及销售业务。

经过一番努力，制衣厂所需的设备基本已经配备齐全。安置妥当后，两间小平房霎时间也显得充实了许多，颇具制衣厂的味道了。接下来就是招工了。

经过朋友的推荐和介绍，原国营制衣厂的一些工人来到我的厂里参观，我带着他们大致看了一下工厂的环境。虽然在我的眼里，这里是一个名副其实的制衣厂，但在他们眼中只能算一个小得可怜的制衣作坊。

我从大家的眼中看到了迟疑，我能理解他们的心情，任何一个求职者都很注重他们的工作环境，这在某种程度上反映着一个企业的实力。

我招待大家坐下，为他们每人倒了一杯水，向他们介绍了我的情况，并告诉他们，我这次回来就是希望把意大利最好的品牌和最时尚的观念带回祖国，同时也希望能帮助家乡的父老乡亲们富裕起来。

看他们不说话，我又诚恳地说道："这里的环境比起那些国营大厂来，的确差得很远，但我相信在不久后，它会超过所有国内的工厂，成为业界第一。因为我们是在做国际最知名品牌的服装加工，并且有国际最先进的理念做支撑，这种实力是其他任何工厂所不具备的，而这也恰恰是决定一个公司未来命运的基石。虽然目前工厂资金有限，或许未来的两个月连工资都发不出来，但我向大家承诺，两个月后，你们一定会拿到比其他同类工厂员工高出一倍的工资。而且，在这里工作超过一年的员工，如果有意愿出国，我会负责办理一切手续，送你们去意大利、去欧洲的制衣工厂学习深造。现在我能够保证的只有这些，但我绝对说到做到。"

我不敢奢求工人们都相信我的承诺，我也非常尊重他们的个人选择，我只是想告诉他们，相信自己的判断，机遇只有一次。我告诉他们，我现在手中拿着的是意大利著名品牌阿玛尼的订单，如果他们愿意留下来，我们明天就可以开工，一切顺利的话，两个月后第一批货款就能够回笼，那时我们就有了生存的资本，如此良性循环下去，工厂就会日益壮大。我郑重地向工人们声明，这绝不是痴人说梦，我已经在这一行做了好几年，人脉资源非常丰富，对制衣行业的发展规律也非常了解，跟着我干，他们的选择是不会错的！

同时我给他们讲述了自己在罗马的经历。我告诉他们，经过那段刻骨铭心的日子，我相信没有什么事情是不能做到的，只要有决心，我们就一定能成功。

我不是一个擅长演讲的人，但我所说的话全都是发自肺腑的。听完我的演讲，工人们开始悄悄地议论，之后，有些人起身走出了门外，有些人选择了留下。留下的工人多半是不在乎工资，而是冲着我能帮他们出国的。

几天后，我的制衣厂开始正式营业了。我特地去买了一挂鞭炮，兴冲冲地带领着员工们一块儿放了起来，算是讨一个好彩头吧！看着一片片从天而降的红色碎片。我告诉自己：只许成功，不许失败！

接下来，我认真地分析了自己当前的形势：我的主要客户都在意大利，意大利是一个历史悠久并且传统手工制造业很发达的国家，尤其是纺织服装业，那里的纺织设备和技术都堪称世界一流。那时候，国内服装出口到国外是个遥不可及的梦，而我手里拿着的正是多少人撞破头都拿不到的国外著名服装品牌的订单。我告诉自己必须要好好把握和利用它们。另外，我知道先进的设备和技术对于一个谋求发展的制衣厂来说是多么的重要，所以在成立金顺达制衣厂之初，我就已经计划好了，金顺达制衣厂想要走国际化道路，就必须在设备和技术上赶上国际水平，所以我下定决心努力赚钱，然后引进最先进的设备和技术；同时我也下定决心，一定要想办法兑现我对员工的承诺，只有如此，这个工厂才会有希望。

我深深地知道，对于企业来说，最重要的就是信誉，对外很重要，对内同样很重要。无论你的企业是大是小，都必须讲信誉，丧失了信誉，无疑是断了自己的手足，你永远也别想再有大的发展。

那段日子，晚上我就在厂子里打地铺，每天早上 6 点起来为员工们做早饭，再把所有的机器都擦一遍，中午还要给员工做午饭，虽然很辛苦，可我觉得十分充实。

在这间冷落寂静的房子里，我和工人们在辛勤工作着。由于机器不断地修剪着布料，满屋子都飘着"棉花絮"，这棉花絮落在传送带上便形成了一层密密麻麻的布苔，这些布苔沾在传送带上，随着机器的转动不停地颤抖着。就是在这样的环境里，我带领着工人们为未来的幸福努力地工作着。

我会经常鼓励我的员工，每天我都把最好的消息告诉他们，让他们和我一样每天都看到希望，与我一同分享这份愉悦。因为，我知道我的一举一动，都会对员工造成非常大的影响。如果我悲观，那么员工们也就会感到悲观。面对压力，如果我表现出来，员工们也会因为压力而不知所措。所以不论遇到的情况有多么糟糕，我都会把它们深藏在心底，每天都以最积极的心态去面对员工，用我的自信去感染他们。这样一来，我发现每个员工都很快乐，都在"舍生忘死"地为我们的工厂和未来努力着。

我激励着他们，他们也激励着我。在我们的相互激励中，漫长的两个月终于过去了，它在我心里就仿佛两年一样漫长。法比奥如约支付了所有的费用，我也成功兑现了自己之前的允诺。当员工们真的拿到了比同类厂家高出一倍的工资时，他们无不欢呼雀跃。

我走出厂房，望着碧蓝的天空，对自己说："陈田忠，你的确做到了，这是真的！"

热那亚的订单

制衣厂要想有更大的发展就必须要争取到更多的国外订单，但那时，工人们有的只是做衣服的娴熟技术，让他们出国去跑业务是不太现实的。因此，去国外跑单的任务也就只能落在我一个人的身上。

工厂虽小，大大小小的事务却很多，邮递包裹、发传真、打电报……从早到晚忙个不停。那个时候，我恨不得每天都有 48 个小时才能够用。这样马不停蹄地忙碌，我每天只能睡三四个小时，甚至有时候只能稍微打个盹儿，醒来就继续奋战。有人曾经说过，做自己喜欢的事情再苦也是甜的，那个时候的我对此有着最为真切的感受。

记得有一次，我要到意大利北部的热那亚签一个订单，刚下飞机，我就匆忙坐上了火车赶往热那亚。连日来的奔波让我感觉非常疲惫，上车后就想眯一小会儿，没想到这一眯竟然眯了 3 个小时。等我睁开眼睛时，发现光线很刺眼，我揉了揉眼睛，一看手表："五点了？怎么就五点了呢？难道这手表坏了！"

这时，我听到旁边一对年长的夫妇正在聊天，他们说下一站就是威尼斯。

"威尼斯？糟了！"我不由地惊呼，为自己的大意感到懊恼，甚至想狠狠地骂自己一顿。这可怎么办？要错过与热那亚的马特拉齐先生的订单会议了，要知道，争取到这次机会有多么不容易，这次会面，对于我和这个刚刚成立不久的小厂来说，都是非常难得甚至可以说至关重要的机遇。为了这次会面，我很早之前就开始筹划，做了许多准备，如果因为自己的一时大意就失去了这笔订单，不仅之前的努力都白费了，而且工厂也要再一次面临困境。尽管一直告诉自己要冷静、冷静，要好好地想办法，但内心深处还是无法控制地一阵阵发慌。

到了威尼斯，没等车停稳，我就匆忙跑下去，找到最近的电话亭，迅速拨通了马特拉齐先生的电话，我诚恳地向他道歉，告诉他，我因为一些急事耽误了行程，希望他可以再给我一次机会，第二天再见面。此时电话的那头，马特拉齐先生显然很不耐烦，他用警告的口吻对我说道："陈先生，我很高兴在这个时候还可以听到你的声音，如果你在今天晚上还赶不到我这里的话，我想你就该乘下一趟航班赶回中国了，并且我会提前祝你一路平安。"

我不想错过这次机会，于是不假思索地说："马特拉齐先生，非常感谢您的提醒，我一定会在约定的时间出现在您面前的。"他没再回话，"哐当"一下挂上了电话。我一路狂奔，去售票处买票，然后赶上返程的列车，坐到座位上的时候，我已经累得满头大汗、气喘吁吁了。

夜幕并没有因为我的焦急而延迟降临，我的心开始焦躁不安。如果不能按时赶到马特拉齐先生的面前，就意味着之前制定的引进先进设备和技术的方案将再一次落空。

　　一路上我都忐忑不安，列车终于准时停靠在热那亚站，我像疯子似的，不顾一切地向着马特拉齐先生公司所在的方向奔跑。我想这个时候，全热那亚"练跑步"的就只有我一个人。狂奔到马特拉齐先生的办公室门口，我看了一下表，还好，时间还不算很糟糕。

　　见到我，马特拉齐先生的脸色并不好看。我沉默着，呼吸不匀，但我尽力抑制着急促的喘息，我心里只有一个念头，无论如何也要拿到这笔订单。我再三叮嘱自己："要鼓足勇气，鼓足勇气！"

　　"马特拉齐先生，在我们约定的时间内能见到您，我真的非常高兴。"说着我大方地伸出了手。

　　令我感到尴尬的是，马特拉齐先生竟然没有丝毫反应，他好像并没有注意到我的手，只是盯着我，打量着我。我有点儿摸不着头脑，不知道接下来该干什么，我想是不是应该先介绍一下我的工厂，然后再表达自己此行的意愿和目的？我紧紧地盯着马特拉齐的表情，生怕错过了什么重要的信息。

　　就在我放下悬了很久的手，准备再次说话的时候，马特拉齐先生摇着头，忽然哈哈大笑起来："你真的是金顺达制衣厂的厂长？"

　　马特拉齐这么一问，我还真不知该如何回答了。我不明白他此话的用意，但我还是坚定而不失幽默地说："是的，先生，我想在没有被我的工人炒掉之前，我应该还是金顺达制衣厂的厂长。"

　　"哦！陈，你进来的时候，我还以为是快餐店的伙计来要餐费了！"马特拉齐一边说一边笑得更厉害了。

　　我下意识地摸了摸自己的脸，说实话，我自己也吓了一跳，连日来的奔波使我根本无暇顾及疯长的胡须，脸颊处也全是黏腻的汗水，我敢肯定自己当时的样子非常糟糕，肯定是衣衫不整、头发凌乱，甚至还面容污浊。

这么狼狈地出现在马特拉齐先生的面前，让我觉得很尴尬。可是现实就是这样，我无法掩饰什么。

"马特拉齐先生，我身兼数职，在不同地方扮演不同的角色，我想您一定不会和一个快餐店的伙计谈合作吧！"我克制住自己的情绪，面带微笑地说着。

马特拉齐手肘撑在桌上，双手托着腮，好像并没听我说的话，而是在想别的什么事。

过了一会儿，马特拉齐站起身来，摊开双手，对我说道："非常抱歉，陈，我实在是爱莫能助，我不知道如何说服自己，将大笔的订单交给你这样的厂长，你也许应该注重一下细节问题，那对我们公司来说同样至关重要。"

听完马特拉齐先生的话，我像是突然掉进了冰窖里，满腔的热情降到了冰点，即便这样，我还是决定坚持到最后一秒钟，心想：既然来了，就要坚持到底。

克制住失落的情绪，我继续面带微笑向马特拉齐做着详细的解释，反复说明订单交到我手中不但会产出非常优质的产品，而且会创造很大的利润。

我简述了自己对热那亚加工市场的调查和分析，言辞恳切地对他说："先生，您先看一下我们加工的产品，我想您很快就会改变看法的，因为我相信我们有实力满足您的需求，并为您带来最大的利益。"说完，我从包里拿出厂里加工好的成品和国内的原材料，一一摆到他的办公桌上。他接过去，仔细地看了之后示意我坐下，但依旧是一副冷若冰霜的表情。

在看产品的时候，我看到他似乎有一些心动，但始终没有表态要与我合作。

时间一点点儿地过去，马特拉齐只是低头看我带过去的那些成品，一句话也没对我说。我坐在一旁，身体感到有些发冷，肚子也开始"咕咕"直叫——从下飞机到现在，我还没有吃任何东西。

终于，马特拉齐抬起头，看了看我，站起身来，面带笑容地对我说："陈，你的心情我能理解，但我需要考虑考虑，明天再给你答复。"

马特拉齐的话让我几乎冰冷到极点的心开始渐渐地回暖，是的，虽然没有得到他肯定的答复，但是我已经能够闻到希望的味道了。

事情的发展证实了我的预感。第二天上午，我便接到马特拉齐的电话，他让我去他办公室面谈。放下电话，我如释重负。我知道成败之间真的只有一线之隔，在最后的几分钟，我又一次坚持住了，在通往前进的道路上，终于又艰难地向前迈进了一步！

经过商谈，我用真诚和执着，加上工厂制造出的优秀产品征服了马特拉齐，最终获得了一大笔订单——那对于现在的我来说，这绝对称不上是一大笔订单，但对于当时处在困境中的我来说，这笔订单真的犹如久旱之后天降甘露般的及时与珍贵。

临走的时候，马特拉齐对我说："陈，你的工作精神让我感到钦佩，与你合作我很放心，以后有其他的订单我都会交给你的。"

我没有说话，只是再一次伸出手，马特拉齐也大方地迎上来与我紧紧相握。

在这天下午，带着胜利的喜悦，我踏上了归国的旅途，一路上，我的心情都很愉悦，那是一种难以形容的愉悦。我将我的好运气归结为坚定信心的结果，内在的那股不服输的力量，一直鼓励着我不要认输，要学会在穷途末路中寻找机会。

初获成功

创业是许多人都有过的梦想，但真正迈出这一步并取得成功的人很少。

从某种意义上说，"创业"本身就是风险的代名词。既然是充满风险的历程，一招一式都必须深思熟虑，想要走好第一步，首先要看你所选择的市场是否具有潜力。要知道，在没有鱼的池塘里，即便有再好的技巧和经验，也只能空手而归。对于市场潜力，一方面要考虑市场需求状况；另一方面也要考虑市场的竞争状况，尤其是供求结构。

创业成功还需要创业者将个人的特殊技能与市场需求有效结合起来，寻找一个合适的市场机会，做自己擅长的事情。在这里，我强调的是相对优势而不是绝对优势，这种相对的概念体现在，与其他潜在竞争对手相比，某一方面也许我们没有优势，但另一方面别人无法企及；我在全国范围内没有优势，但是在某个地区内具有优势；或者我在行业内不是最优秀的，但是相对于行业内的空白市场具有优势。

从制衣厂成立的那天起，我就一直本着这样的精神在经营着企业：那就是尽可能多地给予。不管是对待员工还是对待客户，我都是如此。记得那时，每次发往国外的集装箱，都会被我塞得满满的。我希望能为客户节约更多的运输成本，也希望客户每次都能从我这里得到远远超出他们期望的更多的产品。所以，那时每次当客户打开集装箱时，衣服都会"嘭"地一声弹出去很远。与我合作，他们获得了最大的利益，所以他们更加愿意把订单给我。

通过我的努力，金顺达制衣厂获得了初步的成功，厂子的规模渐渐大了起来，开始一点点儿具备大工厂的气势了。

我知道自己接下来的路任重而道远，要想经营好制衣厂，仅有订单是远远不够的，还必须在企业管理和人才的培养方面做足功夫。只有内外兼修，才能有机会创造出更大的财富。

在工厂里，我开始加大力度培养员工的个人能力、团队的向心力与凝聚力。对于工厂人才的培养，我下了很大的功夫，员工不仅要有剪裁加工衣服的高超手艺，还要具备认真负责、踏实做事的职业态度。

同时，我也一直在努力兑现自己对员工的承诺。每年都会送几名最优秀的员工到意大利去。其实，我在意大利的客户很多，送员工出国，对我来说并不是一件特别难的事。我只要在意大利联络好担保人，员工们就可以很顺利地出国了。这让我的员工们看到了无限的希望——跟着我干就有出国的可能。因此，想要去意大利的员工工作就更加卖力了。

看着成批的服装源源不断地从自己的制衣厂里输送出去，然后装进集装箱漂洋过海到另一个国度，我总是感到万分自豪。

我终于做到了，靠自己的能力都做到了。现在不用靠别人的力量，我也可以将中国生产的服装销售到国外去，同时带领部分乡亲父老走上了发家致富的道路。我实现了让家人过上更好生活的愿望。多年的辛苦之后，我也想好好"犒劳"一下自己。于是，我为自己买了一辆日本皇冠轿车，那是当时福建马尾海关进口的第一辆最新款的国外高级轿车。

不知从什么时候起，我开始成了当地小有名气的人物。

那时，很多人看到我的制衣厂，都会向我投来羡慕的目光。但是我知道，我要走的路还很长，为了成就更大的梦想，也为了给更多人带去希望，我必须谋求更大的突破。

笛卡儿有一句名言："我思故我在。"一个人要想获得长远的发展，就必须不断地思考，不断寻求新的发展和突破。因为，安于现状就会停滞不前，最后往往只能导致失败。

集装箱事件引发的思考

"这鬼天气，热死人了！还让不让人活啊！"

"养家糊口不容易啊！快点儿干吧！"

"唉！"

……

一进车间，我就听见工人们不停地抱怨着。听到这样的声音，我的心里一阵阵地难受。

福建的夏天就像是一个大火炉，酷热难耐，仅是待着不动，就足以让人大汗淋漓，更不用说这些在密不通风的生产线上工作了。每年的这个时候，都会有不少工人中暑。说实话，看到工人们没日没夜、挥汗如雨地工作，我也很心疼。

其实，我也很想给他们创造更好的工作条件，也很想让他们有充分的时间好好休息，但客户催得实在太紧了，加上制衣厂的生意已经不像三年前那样好做了，短短几年间，国内同类企业在迅速崛起，尤其是浙江、江苏一带，国家出于扶助民族产业的目的，给予了这些工厂许多的优惠政策，这使得制衣行业的竞争变得越来越激烈，利润空间也越来越小，好不容易有了订单只能加班加点地赶工，实在是没有办法。

我也在不停地思考着接下来的路该怎样走下去。如果一直延续传统的生产模式，制衣厂恐怕很难有更大的突破和发展了。我走到工人面前，大声对他们说："兄弟们，大家都辛苦了！这么热的天，还让大家赶得这么紧，我在这儿谢谢各位了！"工人们抬起头看看我，都无奈地摇了摇头。工头王师傅走到我跟前，握了握我的手，说道："没事的，老板，您就放心吧，这批货我们一定按时完成！"

看着眼前的工人们，看着兄长般的王师傅，我的眼睛有些湿润了，心中百感交集，却又不知道该说什么好。三年来，他们与工厂风雨同舟，一同走过了最艰难的岁月，这个工厂的每一砖、每一瓦都融入了他们的汗水与辛劳，我相信，他们对这个工厂的感情绝对不比我少。对于他们的付出，我是既感动又感激。

机器不停地运转着，发出单调的响声，工人们在这里紧张而有序地工作着，生产车间、流水线上到处都可以看见他们动作娴熟的身影。窗外，洋槐树上的知了还在拼命地叫着："知了，知了！"

傍晚的时候，负责货物港口转运的万师傅慌慌张张地跑到我的办公室，上气不接下气地说："老板，出事了，我们从上海转运到都灵的衬衫出问题了，都打起来了，那边死活不让工人把货物装进集装箱，可意大利那边的商家已经打了三个电话来催了，您说怎么办啊？"

"到底是怎么回事？不要慌，你慢慢说！"听到这个消息，我心里一惊，但我努力让自己保持平静。"您看看这个就知道了！"万师傅把一份材料递到了我的眼前。我赶忙打开那份材料，一行行文字，触目惊心，如重锤般敲打着我的心，我意识到真的要出大事了！

"万师傅，你在这边盯着，我得马上去趟上海。"简单交代了几句，也来不及收拾，我带上所有相关资料和一笔钱匆匆赶往火车站。那时我心里只有一个想法，就是一定要在最短的时间内赶到上海。

经过十多个小时的艰苦旅程，火车终于到达了上海。我立即和负责发货的人联系，但得知他们一行人又去了码头。于是，我飞快地冲上了一辆人力车，一步三催地赶往发货码头。刚到码头边，远远地就听见港口货运主管王德林大声叫嚷的声音。我连忙跑了过去，还没等我开口，他就愤愤地向我喊道："陈老板，你看你找的这都是些什么工人，说了不让装货，居然不听，真是反了！昨天打了我的人，我没和他们计较，今天又来闹事，你看看，你看看，我的人都伤成什么样了！你说怎么办吧？"顺着他指的方向，我看到所谓的"他的人"，只是胳膊上蹭破了一点儿皮而已。再看看旁边我的工人，一个个头上、脸上、胳膊上、腿上到处都是伤，我的心如同针扎一样疼。

我心里的怒火一下子就冒了上来，这简直是颠倒是非！我真想跟这个王主管好好理论理论，但转念一想，如果把事情闹大，这批货物一定会被扣押更长的时间，而客户那边已经在催货了。货物多扣押一天，我就要多承担一天的损失，更重要的是，一旦不能及时把货送到客户手里，那客户随时都有可能要求退货，这样，我的损失就更大了。想到这里，我只得赶紧上前陪着笑说："实在对不住了，王主管！都是我们这些工人不懂事，您先消消气！"

"你们一个集装箱的货物实在是塞得太多了，已经超标了，这要是在海上出了什么问题，谁来承担责任啊？"王主管依然不依不饶地说着。

"是、是、是，都是我们这边没有考虑周全，下次一定会注意的！"我尽力地陪着不是。抬头看着眼前的王主管，他刚四十出头，额上的皱纹却很深，显得整张脸都非常粗糙，衣服也非常随意邋遢，头顶上的头发很稀疏，也许是被汗水浸湿的缘故，紧粘在他隆起的方形额头上。这么热的天气，他每天都在这里大呼小叫的也不容易，想到这些，我又陪笑着说：

"王主管，我知道您辛苦，兄弟们也都辛苦了！"

"光靠嘴说是没有用的。"王主管"哼"了一声，一双眼睛别有用意地看着我。

"您说的是，我这次来，主要就是要和您说这件事，我们多加两个集装箱，这是加装的费用，我已经准备好了。"说完，我将加装费递了上去，又凑到跟前对着他的耳朵小声说道："王主管，这点儿小意思给兄弟们拿去吃顿饭，算是给大家赔不是了！"

"陈老板，你也要理解我们，这货运有货运的规矩，你是知道的。"王主管一本正经地说着，两只眼睛紧紧地盯着我。

"明白，明白，您也是公事公办，都是我这边处理得不妥当，那我们这批货……"

"那，就看在你陈老板的面子上，这次算了吧！"说完，王主管挥了挥手，一行人才终于离开。

看着他们远去的背影，我伸手一抹额头，全是汗水。回过头来看着眼前这些浑身是伤的搬运工，心里很不是滋味，我带着歉意对大家说："兄弟们，真是对不住了，咱们现在搬货吧！这几天给每个人都多发二十块钱，算是我对大家的补偿！"

一片沉寂之后，领头的金师傅终于开口了："老板也不容易，我们快点儿装吧！早装完了早回家！"就这样，大家开始装起货来。

看着大家来回穿梭忙碌的身影，我心里非常难受，我的员工挨了打、受了委屈，作为老板的我却不能为他们讨回公道，看着带伤的工人们费力地搬着东西，我的眼眶再一次湿润了。我明白，他们只是想尽快干完活，然后领到自己应得的钱去养家糊口，他们也只是为了生存，仅仅是生存而已。我虽然不再是仅仅为生存，但我也深深理解，他们每前进一步是多么的不易。

货物全部装完后，我坐在港口码头的台阶上休息，看着滔滔远去的江水，看着忙碌不停的人群，看着一批批货物被装进集装箱，看着一艘艘货船开出港口驶向大海，这时我才恍然发现，上海竟是如此的繁华！

我想到了自己的制衣厂，近年来，随着国内同类企业的不断涌入，竞争越来越激烈，利润空间越来越小，制衣厂在福建的发展局限也慢慢地显现出来了，而且工厂的规模也有自身的局限性，作为一个慢慢发展的私营工厂，是无法和规模大的同类企业直接竞争的，这势必会使制衣厂接下来的路更加艰难。如果继续留在原地，也会越来越被动，久居一处重复工作的人和企业是不会有任何发展的。这让我想起了一个小故事：

有一天，亚历山大的一位手下对他说："大帝，我有件事情不明白想请教一下？"

"什么事？"亚历山大问。

"为什么我跟了您十二年还只是个小队长？当初跟我一起进军营的年轻人，现在都成将军了，能不能给我换个位置？"

亚历山大说："你的意思是要辞职？回家种地？"

"不是，我的意思是能不能稍微提升一下我的官职。"手下慌忙解释道。

"以你的才能只能领导一个小队的人，再多了你就无法把握了。为什么我不提拔你？因为你在这十二年中没有一点儿变化，你看到了门口拉磨的驴子没有？它在那儿拉磨已经拉了十五年了，走的路不知道有多少，但它还是在原地，难道你要让我提拔一头驴子做将军吗？"亚历山大说。

这位手下听了亚历山大的话，再也不敢说什么，只得灰溜溜地走开了。

古语说："穷则变，变则通，通则久。"我不想成为一头在门口拉磨的驴子。我想，现在也该到变通的时候了。

在越来越猛烈的改革开放浪潮的冲击下，深圳、厦门、珠海等一批沿海城市在国家政策的扶植下都迅速发展起来，经济高速运行、飞快增长，这些地方呈现出一派欣欣向荣的蓬勃景象。

人们常说，变革中蕴含了机遇。正是在这样的大环境下，各地的淘金者纷纷把目光对准了特区这一新兴宝地，"涌进深圳、转战厦门、进驻珠海"，成了不少下海淘金者理所当然的选择。

难道我也要加入他们的队伍吗？如果不去，那么，我的路又在哪里呢？

第六章

跌宕起伏的国际贸易之路

　　做生意就是要先考虑对方的利益，然后再考
虑自己的利益，给对方最大的利益，对方才会认
同并信任我，他们会认为，我是在帮他们赚钱，
然后我才能收益。

"挺进"上海滩

处理完集装箱事件之后，我在码头上坐了很久，也想了很久。上海，这个始终走在中国最前端的城市究竟是什么样子？它是否就是我的"金银岛"，是我梦想中的"天堂"呢？我决定在这里多留几天，好好地看一看这座城市。

外滩，昔日的十里洋场，上海最繁华的地方。我的眼前是一幅如此壮观的景象：高耸于路旁的建筑与滔滔东去的黄浦江水一起簇拥着繁华的街景，哥特式、罗马式、巴洛克式建筑风格各异，置身于此，仿佛来到了一个万国建筑的博览园，各种肤色却又行色匆匆的人们，伴着街边硕大的法国梧桐，尽显上海的一派繁华景象！

□ 上海外滩"万国建筑博览群"的风景是那样地让我着迷

这让我想起了在意大利的岁月。在那里，我领略到了意大利建筑的华美和雄伟。看着眼前的"万国建筑博览群"，我感慨万千，脑海中的一个念头也越来越强烈：上海？对，上海！十里洋场，东方巴黎，就是这里了，这里就是我今后要奋斗的地方！

在那一瞬间，我就决定要来上海。在此后的岁月里，这一想法并没有像它突然冒出来那样突然消失，而是愈加坚固了！

面对着滚滚东去的黄浦江水，我感觉到了上海的美好，它充满了生机和希望。呼吸着清新的空气，沐浴着丝丝清凉的江风，我在黄浦江边憧憬着更加美好的未来。

接下来就是考察投资形式，我需要先认识和了解这座城市的历史和文化，而最直接的方法就是去图书馆。于是，我每天从图书馆一开馆便"钻"

进去，直到晚上闭馆时才恋恋不舍地离开。整整三天，我几乎将有关上海的各种文献资料都查阅了一遍，一幅幅画卷在我的眼前展开：曾经贫穷的上海，曾经苦难的上海，曾经歌舞升平的上海，曾经开时代之先的上海，以及现代、繁华、包容、开放的上海……

□ 这里记录着整个上海的历史

这座繁华的大都市，深深地吸引着我。在细致地了解了上海的过去和现在之后，我更加坚定了要在上海开启人生新征途的信念，同时也在心里默默勾勒着自己的未来。也许就是从那一刻起，就已注定我与上海要结下不解之缘！

漫步在南京路上，看着百货商店里摆着的琳琅满目的商品，我不由自主地走了进去。不知是什么时候养成的习惯，无论到哪里，一旦看到商品，我就想了解它的价格、探求它的市场。我惊奇地发现，这里一辆自行车的价格只有意大利的 1/3，而其他的手表、家用电器的价格更是只有国外的 1/4 甚至 1/5，这让我心中不由地感叹，国内东西的价格竟如此低廉。如果是在意大利，这样一辆自行车可以卖到 120 美元，甚至还能更高。

商机的闪现就像是艺术家的灵感，总会在瞬间迸发出来，一个念头在我的脑海里跳了出来：做家电和电子产品的国际进出口贸易！我相信我看到的是一个巨大的机遇！

但如何抓住机遇？我进行了细致的分析：在罗马的这些年，我对国外市场有了一个较为深入的了解；往返于中国和意大利做来料加工时，让我更加熟悉了货物输送和转运的流程；自己开办制衣厂后，更是让我了解了应该怎样争取订单和开拓市场，有了这三个基础作为我转战国际进出口贸易的跳板，我顿时信心十足。我开始筹备此事，与此同时，也开始有意识地将制衣厂交给弟弟去打理。

此时，华侨中掀起了一股回国投资的热潮。由于我已经回国办厂多年，一些意大利的华侨朋友觉得我对国内的事情比较熟悉，就希望我能带他们四处考察一下，以寻找好的投资项目。

于是，我顺理成章地开始了在上海的第二次考察，我想让这些朋友来上海看看——看看这个具有巨大发展潜力的舞台，希望他们能和我一起到上海来发展、来投资。

参观了上海的各大港口、繁华地段之后，我们在当时下榻的具有"远东第一饭店"美誉的和平饭店的顶层，一边喝咖啡一边欣赏外滩的景色，总结着考察之后的感受。

年长的廖大哥说：

"田忠，上海虽然不错，但也比不上深圳那边啊，那里的经济环境比上海要宽松得多，政府扶持政策也多，我更愿意去深圳。"

"是啊，廖大哥说得对，上海国有制氛围太浓了，这会制约我们的投资效率。"王大哥补充道。

"其实，田忠也是好心，上海毕竟是中国的大都市，这几年发展得也不错，但是海南的地产业利润现在可真是大得很啊，所以我决定先到那边投资。"欧阳大哥若有所思地说道。

……

八个人纷纷说出了自己的想法，我发现没有一个人愿意到上海投资。

面对这样的情况，我只能选择沉默，我知道他们还是不相信我的判断，或者他们觉得我还年轻，眼光还不够深远，他们不愿意把来之不易的钱拿来冒险。

这时，肖大哥端着咖啡感叹地说："这和平饭店真不错啊！你们看这栋楼盖得多好！"

这句话深深地刺激了我。我下意识地说道："以后我有钱了，一定要在上海市中心盖一栋属于自己的大楼！"

我的话一出口，大家都笑了。

廖大哥说："这怎么可能，你这个人啊，就是老爱做白日梦。别说你没钱，就算你有钱也不可能在市中心买到地，在现今这个计划经济的年代，你一个小华侨能在上海市中心盖楼那不是天方夜谭吗？"

"是啊，我们的资本积累还远远不够，所以，还是一步一步来吧！"肖大哥也语重心长地说。

□ 那个年代，谁家要是有一辆凤凰牌自行车是非常令人羡慕的

我知道他们都是好意，但我不这么认为，想当初在罗马的时候，我不一样被别人认为是在做白日梦吗？但我的"白日梦"一次次都变成了现实。成功的人往往都是敢去梦想别人不敢梦想的、敢去做别人不敢做的事情的人，没有这种精神，想要成功几乎是不可能的。我是一个很固执的人，想到做什么就一定要做到。这次上海考察，让我给自己绘制了一个更高更大的梦想——有一天，在上海的市中心，我陈田忠一定要盖一栋属于自己的总部大楼！

"中国制造"的欧洲之路

1989 年 5 月，我的科恩投资集团和上海金田企业集团正式挂牌成立。成立这两个公司的目的在于做国际进出口贸易：将国内物美价廉的商品出口到欧洲等地，将国外优质的商品、先进的技术设备等引进中国。

当时，国家的经济体制还没有完全转变成市场经济，计划经济体制依然主导着整个上海。那时所有的缝纫机、自行车、洗衣机、手表都是统一采购，所有的厂家都要将生产出来的产品交给国家二级采购商，再分配到各地的百货商店。

当时，我跑遍了凤凰、永久、飞鸽等自行车厂和金星、凯歌、飞跃等电视机厂，以及生产洗衣机和手表的工厂，迎接我的却都是怀疑和不信任，甚至是不屑一顾。

一次次地碰壁之后，我开始了反思：做生意是一门大学问，它包含着怎么与人沟通，以及怎么取得他人的信任。对于我来说，最重要的就是获得那些国营工厂供销科长的信任，这样他们才会把货卖给我，有了货我才能真正地开始做进出口贸易。

我仔细地分析了目前的形式：现在我手上有钱，那么，何不先将钱给那些工厂呢？然后晚点儿再向他们要货。如果是这样的话，我想他们应该会被我的诚意打动。况且，它们都是国有企业，我完全不用担心钱会消失。再说，先给钱也可以表明我是有实力、有诚意与他们合作的！冒出这一想法后，我十分欢喜，内心也有了勇气。

想到了就马上去做，我立即去找凤凰牌自行车厂供销科的宋科长，因为来过几次，他深知我的目的，就有意地躲避我。我守候在宋科长办公室门外很长时间后，他终于出现了，我赶忙冲上前去，对他说："宋科长，您请留步，我有事想和您商量一下！"

他为难地说："我说你这个同志怎么这么麻烦，我不是跟你说过了吗？我们没有多余的自行车，你还是到商店里去买吧！"

我诚恳地说："宋科长，你别误会呀，我这次可不是来要自行车的，是给你们厂里送钱来啦！"

听到这儿，他惊讶地看着我。我赶快补充道："宋科长，我们公司真的想和你们厂合作，这个实力我们有，现在我们可以提前支付订金给你们，您现在没货没关系，等您有货了，再发货给我们也可以的。凤凰牌自行车在全国都是响当当的名牌，我们就是认准了这个牌子，我们是非常有诚意合作的。"

看着他迟疑的神情，我当场就拿出厚厚的一摞钱塞到他的手里。宋科长看见这么一大笔巨款，态度马上就转变了过来，他立即将我请到他的办公室里。之后，他将我的情况汇报给了厂长。厂长看到我付钱这样爽快，就与我签订了合作协议。就这样，我很顺利地买到了一批凤凰牌自行车。

之后，我通过类似的办法又成功购买了200辆永久牌自行车。

在以后的许多交易中，我也多是采用这样先付款后要货的策略，获得了诸多家电厂家的信任，成功解决了货源问题。

在与国内这些厂家的"博弈"中，我明白了一个道理：做生意就是要先考虑对方的利益，然后再考虑自己的利益，给对方最大的利益，对方才会认同并信任我，他们会认为，我是在帮他们赚钱，而不是赚他们的钱，然后我才能获益。

国内货源的难题解决了，接下来就该"出征"国外市场了。然而，中国的自行车、电视机、洗衣机、手表虽然比国外的要便宜很多，但是质量究竟怎么样，国外的商家和客户并不知道。因为中国的家电产品此前出口甚少，它们不像中国的服装已经被很多人所熟知和认可了。因此，我又遇到了新的困境。

想到了那句在买东西的时候经常说的一句话，货物好不好，用用就知道。于是，我又有了主意。国外商家不知道中国产品的质量，那我就把样品发过去给他们试用，一切以产品质量说话，用得好就买，用得不好就不买。我要用优良的质量去征服他们，再加上产品价位的优势，相信我们的产品一定会打入整个欧洲市场的。

与此同时，我也意识到，要想打开欧洲这个大市场，必须先找到一个中转的支点，然后以这个支点为中心来撬开其他国家的市场。

我决定选择意大利作为这个支点，但怎样才能迅速地撬开市场呢？我初步决定先自己跑销售渠道，然后寻找一个可靠的合作伙伴来一起做好这个项目。于是，我带着在国内采购到的一部分自行车及家电样品，再次来到了意大利。我在心中默默地祈祷着，这个曾经带给我莫大希望和契机的国家，依然能够把好运带给我，让我能够再次在梦想的天空中展翅飞翔。

为了让更多的意大利人熟悉中国的产品，我开始一个城镇一个城镇地去推销，将国内生产的家电样品送给客户试用。在这个过程中，我的许多时间都是在火车上度过的。我知道，只有这样，才能真正掌握目标客户和渠道供销商的实际状况以及市场的具体情况。这个过程虽然很累，但我觉得十分值得。

试用期限到了，我送去的样品得到了客户的广泛认可，尤其是我的这种"先用后买"的推销方式，受到了他们的普遍欢迎。他们觉得我是值得信赖的，而且我带给他们的产品比当地产品要廉价很多，他们没有必要也没有理由拒绝这种实惠。

也有一些客户，虽然很认同我的产品，但是他们也很担心：中国的产品现在是很好，没有什么问题，但是以后呢？它会不会坏？要是坏了该怎么办？欧洲的产品都有维修点，可以随时去修，但是中国的产品没有维修点，如果坏了该找谁去修？

搜集了许多客户的意见，加上前期的调研，我决定在欧洲建立产品维修站。当我把这个想法在公司会议上提出时，很多人都表示反对，他们都劝我，在国外建维修站，肯定需要投入很大的一笔资金，而且人员、技术等也都是大问题。

朋友们也劝我："做进出口倒单向来也没有这个先例啊！你何必开这个头呢！"类似的声音不绝于耳，但这一次，我还是坚持自己的决定。当所有劝说都失效时，人们再次得出了同样的结论："陈田忠又疯了！"

不管质疑声多么强烈，我依然"我行我素"。最终，在我的坚持和努力下，手表维修站、自行车维修站、缝纫机维修站、电视机维修站等全都建立起来了。考虑到成本的因素，我决定雇用当地的维修工人，然后在不同的城市设立多个维修站点，以确保每一个地方的用户都能够享受到优质的上门服务。这在当时国内的进出口贸易公司当中是一大创新。

这一创举使得越来越多的客户认同了我们的产品。维修站建立好了之后，我开始进行大范围的销售，这也就需要大范围地寻求可靠的合作伙伴，毕竟一个公司的力量是有限的，要想把中国产品打入更多的国家中去，就必须多方合作。

巧的是，当时意大利有一家进出口公司也在寻求合作伙伴，这家公司具有非常成熟的销售渠道，而我们运来的产品质量好、价格便宜，双方的合作自然也就顺理成章地达成了。因此，我们的产品十分顺利地通过他们的销售渠道被配送到法国、英国、丹麦等国家，最终遍布整个欧洲。

现在回想当时，在别人都是拿货交钱的时候，我提前预付了大笔定金，从而有了稳定的货源；在别人认为不可能开辟欧洲市场时，我将产品送给客户试用，以此来赢得他们的认可；在别人不舍得投资建维修站的时候，我毅然决定设立维修站点，解决了客户的后顾之忧。我始终都以一颗诚挚的心去对待客户和合作伙伴，这也使得我在筹划海外市场的过程中，虽然异常辛苦，却是一帆风顺的。由此，我也更加坚信这样一句话：成功者不走寻常路！

化解罢工危机

解决了国外市场拓展难题后，我回到了国内，为了将进出口生意做大做强，我一直都不敢松懈。

正在我的进出口生意做得顺风顺水时，上海码头传来消息，一批蝴蝶牌缝纫机在装箱时出了问题。我赶紧赶到了码头，一问现场的工人才知道，原来并不是集装箱不够用，而是工人嫌搬运费太低，不肯搬货。我难抑心中的怒火，为什么同样的工作与条件，公司的老员工能以公司的利益为重，新员工却时常会产生不满，甚至提出异议呢？

也许是因为老员工曾和公司同甘共苦，知道珍惜今天的一切；而新员工对公司了解甚浅，又缺少患难与共的感情，不愿意和公司共患难，再加上公司方面缺少应有的教育和引导，才使得新员工难以适应新的环境，容易被各种诱惑左右。

想到这些，我暗暗下决心，是时候想个办法来解决这个问题了，就从这件事情开始吧！

见十来个工人站在那儿一动不动，我就找到了他们的领头贾师傅。

我笑着问他："贾师傅，怎么不搬货啊？"

贾师傅一脸不在乎地说："这年月什么都贵，日子没法过了，不给我们涨工钱，我们就不搬货了。"

"那你们要涨多少啊？"我依然笑问道。

贾师傅看了看其他工人，毫不客气地对我说："以前搬一批货要200块，现在我们要300块，不然今天的货我们就不搬了。"

听完这话，我气不打一处来——这分明是在威胁我。但为了不节外生枝，我尽量用平静地语气说："一下子要涨这么多太不现实了，我也知道你们辛苦，要不这样吧，大家都让一步，220块怎么样？"

工人们面面相觑，扭头看了看贾师傅又都摇了摇头。我知道这都是贾师傅一手导演的，他们是抱成团来迫使我答应他们的条件的。其实我并没有亏待这些工人，其他公司给搬运工人的价钱都是150块，而我支付给他们的是200块，这在同行业里已经是最高的了。

看他们依然摇头的样子，我的怒火终于爆发了，不仅仅是因为他们非分的要求，而是我无法忍受他们这种还没有付出就急于要求回报的工作和生活态度。这让我想到了刚到罗马时的情景，为了生存，我一个人为李叔搬运货物、在餐厅打工，甚至连报酬都没有想过。正因为如此，我才摆脱了我所不希望过的生活，一步一步走到了今天。

人都是有惰性的，这是天生的。但人活着不是为了助长这种惰性，而是要消灭这种惰性，这样人活着才有希望，才有意义。

一个人想要获得某些东西，都需要先付出另外一些东西，在人生的道路上，有些付出甚至是完全没有回报的。如果在付出之前就想要先看到回报，满脑子都只想着回报，有这种思想的人注定是不可能成功的。我不能助长他们的这种思想，更不能允许他们以这种形式来威胁我，我得想办法让他们认识到这一点，这对他们以后的人生会有帮助。

看着他们，我又追问了一句："你们真不搬了？"

他们还是冲我摇了摇头。我卷起了袖管，冲着他们说："那好吧，既然这样，就不用你们搬了，我自己搬，你们走吧！"

贾师傅和工人们面面相觑，从他们的眼神里可以看出，他们并不认为我会因为 300 块钱而去做苦力。但我决心要让他们看一看，尽管 300 块钱对我而言不算什么，但是它并不是轻而易举就可以获得的，我要通过自己的行为来改变他们的工作和生活态度。

这批缝纫机共有 150 台，但装货的时候会将整机拆分为三部分——机头、机身、机脚。这就意味着我要搬 450 件货物。尽管以前在意大利制衣厂做了一段时间的搬运工，但现在要在这么短的时间内一个人搬完这批货，对任何人来说都是极其困难的。

我费力地抱起裹着木条的箱子，把它们从货仓里一件件搬上集装箱。搬到第 300 件的时候，我已经快撑不住了，感觉双手发麻，胳膊也被压得没有知觉了。但我还是咬牙坚持着，我告诉自己，我只是遇到了一点儿小麻烦，或者一点儿小障碍而已，只要坚持，就一定能顺利通过这次考验。

我的额头上、脸上、脖子上，到处都是流淌的汗珠，工人们在旁边一句话也没有说，只是直着眼睛呆呆地看着我，这时的我倒比较像是一个搬运工，而他们就好像是正逼着我在这里做苦力的监工。

这时，有几个其他公司负责集装箱搬运的工人想要过来帮我，可能他们也是实在看不下去了，但我阻止了他们，说："这是我自己的事情，我自己能解决。"

一直到傍晚，货物才终于搬完了，我擦擦额头上的汗，看看我的工人，他们都低着头，面带愧色地偷瞄着我。我的心释然了，这也正是我希望看到的最终结果。我整理好衣服，走到他们面前，他们整齐地站成一排，很不自然地低着头，没有人敢抬头正面看我，一副准备接受训斥的样子。

我并没有训斥他们，只是告诉他们，这些货物被我一个人搬完了，现在我要回去了。"老板，是我的不对，我听说别的公司都涨了工资，所以……"贾师傅小声地说。

"所以，今后不要听那些无中生有的消息，到什么时候我都不会亏待你们！目前为止，你们的工资仍然比其他公司搬运工人的工资高。"我扫视了他们一眼说。

"老板，我们今后再也不会这样了，我们会好好工作，您就放心吧！"贾师傅诚恳地说，其他工人也跟着点头，一脸坚决的表情，仿佛在宣誓一样。

"你们都回去吧，明天开始，我不希望再看到罢工的现象。"说着我拿出 300 块钱塞到贾师傅手中，"这钱你拿着和兄弟们去吃饭吧。"贾师傅攥着钱，愣愣地看着我，他还没有反应过来的时候，我已经离开了。

在以后的日子里，工人们的表现都很优秀，我再也没有见到过类似的罢工事件。这次小小的罢工风波就这样过去了，它让我彻底意识到了精神教育和行为教育的力量和作用。

商业是一种艺术活动，一个优秀的企业领袖应该具备这样的素质：敢于舍弃，富于设想；善于决断，勇于创造，并且能够经常反思。

毋庸置疑，正是在日常的企业经营和管理中，我有意识地培养了自己这方面的素质，才使得我战胜了许多困难。这使我可以从现实中不断汲取力量和营养，不断超越自己，不断前进。

找回丢失在异国的货物

时间来到了 1992 年的春天。一个凌晨，我被一阵急促的叩门声惊醒。

负责进出口贸易的李经理，气喘吁吁地站在门口，豆大的汗珠顺着他的脸颊不停地掉下来。

一看见我，他便慌张地说："老板，意大利那边儿打电话来催那批水仙牌洗衣机和上海牌手表，按规定时间这批货上个星期就应该到的，但那边儿说他们到现在还没有收到货。"

做了这么久的进出口生意，这种情况我还是第一次遇到。之前虽说也有过推迟到货的情况，但最多也不超过三天。没想到，这一次竟然这么久。

我赶紧与意大利那边负责接收货物的克劳迪奥取得了联系，他确认没有收到货。"那么，也就是说，这么一大批货凭空消失了？"我越想就越感到烦恼和不安。

上海港口发货处的万主任回来汇报说："洗衣机和手表我们这边确实发出去了，离岸的时候我们这边也有人核对过，对方怎么能说没收到呢？"他不知所措地站在我面前，脸上已经没有一点儿血色。

"一级一级往下查，查清楚之后告诉我，我在这里等你的结果。"我极力遏制着内心强烈的恐慌与不安，使自己平静下来。

此时，太阳刚刚跃出地平线，我的公司早已因为这一突发事件而忙作一团，电话声、脚步声、吵闹声夹杂在一起不断传到我的耳朵里，敲击着我的心。显然他们和我一样——都慌了。

初升的太阳在窗子上涂抹了一片嫣红，然而没人有心情去欣赏，不过，这也有一点儿好处，就是别人不容易觉察到我脸上因为情绪激动而溢出的那抹红。

这笔生意是我和表哥一起做的，是要先发送到意大利然后分配到危地马拉和迈阿密的，而且这批货比以往的任何单子都要大。与表哥初次合作这么大的一笔业务，我十分小心谨慎，每天从睁开眼睛起就开始为这件事

情忙活，没有一点儿空闲的时间，甚至晚上做梦也全是这批货。我紧盯着
每一个环节、每一步流程，反复地叮嘱，生怕出现一丁点儿差错，就是为
了能安全顺利地完成这笔交易。没想到，最后还是出事了。更让我感到不
安的是，这批货用的是"到岸价"（CIF）的交易方式，也就是说，如果
没能按时抵达指定的港口，我们公司就要承担所有的损失，包括合作方的
损失和客户方的损失。

□ 大批的货物从这里安全入海，但并不代表它们能够安全抵达目的地

俗话说，"行船跑马三分险"，走水运本身就有一定的风险，尤其是
在茫茫无涯、变幻莫测的大海上，看似风平浪静，实则暗潮涌动，幸运的话，
货物可以顺利地到达彼岸的港口；倒霉的话，可能会遇到恶劣的暴风雨，
结果连人带船都会折进去。当然，我最担心的还不是这些，就算没有遇到
暴风雨，那么还有海盗，还有种种的……我不敢再去想。

强烈的直觉告诉我，寻回这批货的可能性已经非常小了。这对于我好
不容易才发展起来的公司来说，将是一个致命的打击。毫无疑问，它会将
我多年来努力积累起来的心血统统推向深渊。

这种被动的局面，让我茶饭不思、寝食难安。我苦苦思索着，绞尽脑汁寻找着解决问题的办法。我有些心力交瘁了，遇到的事情越来越让我力不从心。每天都有成百上千件事等着我解决，千百台机器等待着我的指令，千百个人等着我的安排和部署。就在事发前，我还去码头当了一回搬运工，这些琐碎的事情以及所有繁忙的工作，就像一副可怕的枷锁一样铐住了我，让我感到精疲力竭，快要撑不住了。我有些迷茫，脑子里一片空白。

时间就像过了一个世纪一样，我等待的调查结果才出来——公司负责发货贴单的人将地址写错了，把货物运送地址意大利写成了印尼。找到原因之后，马上就要解决问题，而不是来追究责任，因为这样也于事无补。

怎么办？放弃？与表哥翻脸？与合作商绝裂？我觉得我不能这么做，就像我说过的那样，我要为这件事情负全部的责任，这是我的原则，哪怕公司倒闭，哪怕我身无分文，也要把他们的损失降到最低点！

我极力让自己冷静下来，我也必须这样做，全公司的员工都在看着我，我绝对不能自己先乱了方寸，从而使全公司陷入更深的恐慌与混乱中。

我开始着手解决这个问题，我首先与意大利的合作公司以及表哥取得联系，毫不隐瞒地通知了他们这个不幸的消息，并且在他们还没有来得及焦急和愤怒的时候，就向他们承诺，我和公司将对此次事件负全部责任。

接下来，我又联系上上海的发货港口请求他们的援助，然后又与印尼使馆的工作人员取得了联系，希望他们能帮助我找到这批货物的下落。我尽自己最大的努力不停地寻找着，有时候也会觉得没有希望了，甚至有过要放弃的想法，可每一次我都会再次鼓励自己，我不能就这样倒下，一定要坚持，坚持就会有希望。我一遍遍地打电话，一次次地询问，辗转于各个负责人和地域之间，在我的坚持下终于与印尼那边的港口取得了联系，当被问道是否接到从中国上海发去的一批装有洗衣机和手表的货物时，对方幽默地回复道："似乎是有这么一批货物，但它就如同海市蜃楼一样，来得莫名其妙，去得无迹可寻。"

听到这样的回答，我有了一丝希望，我相信，只要不放弃，那批货就一定能找到。

我不停地打电话，来回奔走于港口办事处和大使馆之间。也许正是因为我的坚持不懈，我终于等到了那个期待已久的好消息：那批货此时正安然沉睡在印尼港口的一个仓库中。

货物追回来了，我的元气也保住了。结账时，我尽量让表哥和客户们都感到满意，当然我的公司承担了所有的损失。

做生意就是这样，没有稳赚不赔的。生意场上没有学会输的人，永远都不会赢。

这次事件虽然对我的打击很大，但我并没有因此而丧失继续奋斗下去的勇气。生活就是这样，它不可能总是一帆风顺的。遇到困难并不可怕，关键是能否在一次次的挫败中总结经验，以利于今后更好的发展，这是非常必要的。通过这件事情我也明白了一些道理，即使是大难临头也一定能找到解决的办法，就算再困难，也不能退却。**商场是没有退路的，它甚至比战场更残酷，它不会优待俘虏，失败、认输就只能出局。**

风波之后，我与公司全体员工一起做了深刻的检讨，并制定出了尽可能避免不必要损失的规章制度，每个人都严格按照制度来做，对自己所做的工作要负全部责任，公司又回到了正常的轨道上，并继续前行着。虽然，接下来将要面临什么我们谁都不知道，但我想，我们都已经做好了战胜一切困难的准备！

第七章

转战房地产

凤凰想要涅槃重生，就要经过一番烈火铸炼，
我相信眼前的一切都是上天对我的磨砺和考验！

欧洲人眼中的"质量标签"

从做国际贸易的第一天起，我就为自己定下了目标，那就是绝对不做只会把国内的商品销往欧洲的"纯倒爷"。我告诉自己，既然产品从我这里发出，我就有责任和义务把自己视为产品的生产者。因为在我眼中，将中国的产品推向世界，不仅是物质上的交换，更是一种文化的传播。产品只是一种载体，它更多地承载了中国的文化与精神。因此，我们带给欧洲人的不仅是物美价廉的商品，也是在向他们展示崭新的、正在崛起的中国。

正是基于这样的思考，在做国际贸易的 5 年中，我一直坚持的原则是，科恩集团必须保证产品的质量和企业的信誉，必须要对消费者负责任。在我的坚持下，集团始终秉承着"三过硬的原则"，即质量过硬、信誉过硬、精神过硬。以求尽我们最大的努力，为消费者提供最优质的产品和最便捷的服务。在这一过程中，科恩集团也逐渐成长起来，它变得更强大、更扎实了。

产品的命运是由其质量决定的，质量的优劣是衡量一种产品最直观、最重要的指标。没有质量，一切都是负数——生产等于负数、营销等于负数、收入与声誉统统等于负数！

为了保证质量，我特地建立了科恩集团的质量监测站——从各国营厂购进的产品，都要在这里进行拆装再审查，以确保质量，这是其他企业根本不会去做的事情。

对此，也有很多业界的朋友认为我做事过于认真，他们说产品存在一定的不合格率是很正常的事情，况且国营厂在产品出厂时都会进行审查，再审查一次，简直就是浪费成本。

可在我看来，要想使企业保持长久、持续的发展，就必须这样做。因此，我一直坚持对产品实行再审查制度，最大程度地保证质量，把不合格率降到最低，甚至接近于零。事实证明，这样的做法是非常有效的。在科恩监测站中通过审核的产品，我们都会在包装箱封口处打上"科恩质量监测"的醒目标签，很多国外的进出口商正是看准了我们产品的质量，才纷纷转投科恩的怀抱。

国外消费者十分青睐我们的产品，很多消费者都会点名要贴有"科恩质量监测"标签的产品，显然，这个标签已经成了质量的保证和信誉的代表，科恩为自己建立良好信誉的同时也为自身的发展赢得了新的机遇。就这样，科恩集团的进出口生意越做越大，商品的利润都保持在15%～20%，资金的积累也越来越多。

当然也有做得不顺利的：南京路的"上海第一百货"，是当时上海最繁华的商场，但那里售卖的商品几乎看不到世界知名品牌的身影。于是，我计划着引进世界知名的奢侈品，但那时候世界高端品牌的市场还没有被打开，中国普通民众的消费水平也未达到这个高度，我的计划最终无疾而终。但我从未感到后悔，因为我尝试了。

那时，法拉利汽车也想进驻中国市场，负责开拓亚洲市场的朱里奥找到了我，想要我帮助他们开拓中国市场。当时上海购买法拉利车的人少之又少，加上法拉利公司本身比较保守，只肯自己做技术，所以很难在中国推进，结果当然也没有做成。还是那句话，我不后悔，因为我尝试了。

成长和创业的道路就是这样，需要不断地去探求、去尝试。跌倒不可怕，可怕的是，跌倒后不愿重新站起来，更可怕的是，连迈出第一步的勇气都没有。

所以，我应该感谢这些失败的尝试，因为它们让我从中得到了许多教训。我始终认为，要想获得真正的经验就必须亲自去尝试、去经历，要想从别人那里获得真正有效的经验几乎是不可能的，因为每个人的经验只适合自己，或者只适合某个阶段、某个具体的人和事。

在有了一些成绩之后，我开始考虑这样一个问题，一个人生活在这个社会上，他的价值究竟体现在哪里？是体现在具体的职业当中，还是其他的什么方面？而我的人生价值又体现在哪里呢？

坦白说，在此之前的一段时间里，我考虑过金钱、地位和名誉，还梦想着将来要做一个成功的人，尽管那个时候，成功对我来说还像天边的月亮一样遥不可及。后来我去了罗马，摆脱了窘境，改变了命运。但也做了许多在别人看来完全不切实际、好高骛远而且毫无前途的事情，或者说是放弃了生活的本体，在幻想中游走了很长时间。对于别人的善意规劝我也无动于衷，放任自己"为所欲为"。

现在我如梦初醒，明白了以前的价值观是多么的肤浅和没有意义。把追求地位看成人生的终极目标，是一件非常愚蠢的事情，金钱、地位、名誉……这些不是人生的全部，更不能体现人生的真正价值。一个人即使获得再多的金钱、再高的地位、再大的名誉，如果他对整个社会毫无用处，那么他也会为人所不耻，他的人生就是可怜的，也是可悲的。

衡量一个人成功与否的标准，并不在于他拥有金钱的多少和社会地位的高低，而在于他能为社会、为他人作出多少贡献，在于他的存在是否能够让周围的人们生活得更快乐。

我的进出口贸易事业持续做到了1993年年底，当时我的资金已经达到了2000多万，这让我又想起了那年在上海和平饭店顶层说出的豪言壮语——有一天，我一定要在上海的市中心盖一座总部大楼，而现在，这个梦呼唤着我的声音也越来越响亮。

这也让我渐渐萌生出另一个想法——向房地产行业进军！

在地图中心架起梦想的支点

站在黄浦江边，我轻轻地闭上了眼睛，想象着自己就站在科恩总部大厦的顶层俯瞰整个上海；想象着自己的员工在最舒适、最先进的办公室里办公；想象着无数的路人在路过我的大厦时，都会抬起头啧啧称赞……一种幸福感涌上心头，好像这一切已经成为现实。

当然，面对现实，我必须承认，这又将是一次"疯狂"而艰难的博弈，就像当初我把在上海市中心盖总部大楼这个愿望告诉我的华侨朋友时，他们仅仅把它当成一个笑话，说我是痴人说梦。而在我把这个想法付诸实践的过程中，也必然会遭到更多人的阻挡、不解，甚至嘲笑。

但这些阻挠丝毫不会影响到我的决心，我已经开始为盖总部大楼这一梦想进行悉心规划了。**是的，现实的阻碍一点儿都不可怕，只要你敢去想、敢去做，而且坚定不移，就没有什么是不能实现的！**

那是一个炎热的夏天，我把公司所有的员工召集在了一起，并告诉他们，为了给他们创造更好的工作环境，在不久的将来，我们科恩集团计划在市中心盖一座属于我们自己的办公大楼！到那个时候，我们就可以像那些外国人一样喝着咖啡、吹着空调，坐在宽敞明亮的办公室里办公了！

"只要大家团结进取，努力工作，这个梦想就一定会实现！"我的话音刚落，如潮水般的掌声就响了起来，听到员工们高昂的欢呼声，我的心中满溢着激动，也更加坚定了要迅速盖大厦的决心。

接下来，我开始了向房地产领域的进军。一方面我把进出口贸易业务交接给弟弟打理，自己慢慢淡出；另一方面不断加大对房地产领域的投资。首先，我在国外做了一些住宅地产的尝试性投资，通过这些投资，为自己积累了更多的资本，这让我觉得，自己离建总部大楼的梦越来越近了。

1994年，正值计划经济向市场经济转型的重要时期，上海的住宅地产对外开放。国内地产不断吸收华侨外资来建商业住宅，我毫不犹豫地加入了这一队伍，正式进入上海商业地产界，也开始正式规划总部大楼的蓝图。

一个阳光明媚的上午，我问身边的秘书："小何，你说上海的市中心在哪里？"何秘书是地地道道的上海人，她当然知道市中心在什么地方，但对我突然提出的问题，她有点儿摸不着头脑。看着满脸疑惑的她，我让她去拿一份上海地图过来。

拿到地图，我迅速地将它横竖对折，然后再摊开，我指着对折的中心对她说："你看见了吗？上海市的中心就在这里。"

何秘书睁大了眼睛，依旧充满了疑惑和不解。

我认真地说："从现在开始，你的主要任务就是去调研市中心是否有合适的地皮出让，我们要盖一座总部大楼。"

何秘书的眼睛瞪得更大了，我明白她的想法，因为在那个年代，尽管社会的市场环境已经有所好转，但是，一个私人集团要想在上海市中心这个寸土寸金的地方拿到一块地做商业建筑几乎是不可能的，在年轻的何秘书眼里，这无疑是天方夜谭。

□ 为了这座大厦，我付出了无数艰辛

不容她反驳，我固执地对她说："任务我已经交给你了，你必须完成，三天之后把你调研的结果交给我。完不成就不要来见我了。"何秘书的脸上闪过一抹愁云，但她还是点了点头。

中午吃饭的时候，我碰巧听见何秘书与市场部小曾的谈话："陈总要我去市中心调研合适的地皮来建总部大楼，三天之后就要结果，还说没有结果就不要去见他了。你说现在市中心那寸土寸金的地方哪里还有地方让我们建楼啊！"何秘书语气中带着一丝抱怨与无奈。

小曾笑着说道："小何，你又不是不知道，盖总部大楼一直都是陈总的心愿，我们尽量做好自己的本职工作就好了。况且盖这个楼是好事啊，你想，如果我们有一天能在市中心的大厦里工作，那是多光荣、多幸运的事啊！"

听到这里，一股暖流涌上了心头，我会心地笑了。上天给了我这么好的员工，那我还有什么理由不兑现我的承诺呢！

何秘书果然没有让我失望，三天后，她给我带来了一个振奋人心的好消息——地皮找到了！

"陈总，二工大正好要在浦东建设新校区，但是由于资金不足，所以打算卖掉他们的一个花园来筹集建设新校区的资金。我去调查过了，那个花园正好处于市中心的有利位置，而且面积也很大，很适合我们盖总部大楼，这是关于二工大和那个花园的一些基本资料。"说着，她把怀里抱着的一沓资料递给了我。

仔细查阅了那些资料后，我高兴地一拍桌子，大声说到："太好了，我们公司的总部大楼就建在这里！"多年的夙愿终于有机会得以实现，我不由得欣喜若狂。

很久，我没有听到任何回应，这时，我才发现小何和办公室的几名助手直愣愣地看着我，说不出一句话。也许，他们是认为我兴奋过了头，地还没谈下来呢，就敢下如此肯定的结论，但是在我的内心深处，分明有个清晰的声音在说："这块地一定属于我！"

一次"疯狂"的博弈

第二天一大早，我和公司的几名高管急切地奔赴二工大进行实地考察。

这块地皮的地理位置相当优越，的确是盖总部大楼最为理想的选择，但我同时得到了一个坏消息和一个好消息。坏消息是，已经有几个实力雄厚的当地商业集团看上了这块地，今后的竞争可能会相当激烈；好消息是，他们目前都只是派代表来了解情况，并没有进入实质性的谈判阶段。在我看来，这简直是天赐良机！为了不让机遇溜走，我决定立刻去拜访二工大基建处的赵处长。

在会客室坐下之后，我开门见山地问道："赵处长，听说学校有一个花园正准备转让，我想接手这块地，不知道有没有机会？"

赵处长没有马上回答我，他端坐在沙发上，双手十指交叠，轻轻地放在身前，眼睛透过鼻梁上厚厚的镜片，上上下下把我打量了一番，然后才轻描淡写地答道："确实有这么一个项目，但现在只是在初步的商洽阶段。另外，这是一个近五六亿的大项目，如果你们没有这个实力，我劝你还是打消这个念头吧！听说郊区的地皮很多，价格也比市区便宜得多，你可以去那看看。"从赵处长的语气中，我分明听出了一种不信任。

"赵处长，如果没有实力，我就不会来了。"我微笑着说。

"这样吧，你们先写一个申请报告，我们党委讨论一下，再给你答复。我现在有个会，马上要去开。"赵处长说着站起身来，很明显，他是在下逐客令。

第一次会谈就这样无疾而终，但赵处长的话并没有让我产生退却的念头。回到公司后，我立即召集相关人员进行讨论，商议对策，连夜把初步的规划书和申请报告赶了出来。

第三天，我又一早就赶到了赵处长的办公室。但他还是以要开会为借口，把我拒之门外。

一天，我又一次来到赵处长的办公室，说实话，连我自己都记不清这是多少次登门了，我心想这次一定要有实质性的进展，因为拖得越久对我越不利。

迎着赵处长疑惑的目光，我坚定地说："不管您抱着什么样的态度，我只想说，我是真心实意想接收这块地皮的。"接着我和他谈起了关于建大厦的构想，我告诉他建大厦是我多年的愿望，现在我有实力了，所以非常希望这一理想能够成为现实。我非常有诚意合作，希望他能够认真考虑我的想法。

我告诉赵处长，侨居海外和回国创业的这些年，面对东西方文化的碰撞和交流，感受着其他国家先进文化的同时，我也深深地为我们这个号称历史悠久、文化内涵厚重国家的现状感到惋惜。我们不是没有厚重的文化积淀，只是没有传播出去的有效途径，如果将来有可能，我希望我和我的团队能在这方面多为国家的文化事业作些贡献。

想要在这里盖大厦，除了是我多年的心愿之外，还有一个不成形的想法，就是将来打算投资教育产业，把中国文化的精华传出去，把外国先进的教育体系引进来，到时候如果有机会，还希望能够与二工大合作。

赵处长见我直言不讳，也就不再掩饰什么了，他叹了一口气，说："陈先生，其实不瞒你说，我们主要还是怀疑你们公司的实力。相信你也知道了，这个项目其实很早以前就启动了，就是因为开发商资金断了，所以现在只能停工，这也打乱了我们学校新校区的建设计划。"

"如果你们实在不相信我们公司的实力的话，那么，请给我一个你们学校的财务账号，我现在就可以打进 1000 万元的现金作为定金。"我坚定而认真地说道。

赵处长依然只是笑笑，然后回头对他的秘书说："一会儿给他一个账号。"

从赵处长那儿出来，我立刻赶回公司，找来财务经理，对他说："这个账号是二工大的财务专用账号，你现在就往这个账号里面打 1000 万。"

一向不多发表意见的财务经理，这时候却犯了倔，死活不同意。他说："陈总，我劝你还是再考虑考虑，现在什么协议都没有，就贸然打过去这么大的一笔钱，很不保险，这不是一笔小数目，一旦出了问题，我们岂不是白白损失了 1000 万？"

我的律师听到财务经理这么说，也立刻表示反对，他也建议我不要打这笔钱过去。我只能召开一个核心员工的会议，一起商讨这个问题。"一石激起千层浪"，听到这个消息，员工们全都沸腾了，激烈的讨论声回荡在会议室里，久久不能平息。

稍微平复了一下心情，我看着下面一张张紧绷着的脸，尽量用平静的口气说道："我知道大家都是为公司着想，担心公司会蒙受损失。但是请大家听完我的解释再作决定。首先，这 1000 万是打给上海第二工业大学的。二工大是什么性质的单位——国有大学！它不可能侵吞我们这笔钱。他们不断地拒绝我们，是因为怀疑我们的实力。现在我们把钱打过去了，他们还会怀疑吗？退一万步说，即使他们侵吞了这笔钱，那就当是我们为祖国的教育事业作贡献了，我们公司捐了 1000 万，他们是不可能不向社会和公众提及的，这对提高我们公司的声誉也是一本万利、有益而无害的事。"

见大家都低头不语，我接着说："二工大这块地位于市中心，它的潜在价值就不用说了，他们现在建设新校区缺少资金，这块地是一定会卖的，即使不卖给我们也会卖给其他人。现在有很多企业都在和二工大接触，其中不乏一些名头很响的地产巨头，但是他们不愿意先垫地款给二工大，所以现在都只停留在表面接触上，如果我们现在就打款，就会给二工大建立一种信心，他们也会对我们另眼相看，我们就绝对能拿下这块地。否则，等这些巨头们都反应过来，愿意垫付地款的时候，我们就会被他们毫不犹豫地踢出局。大家跟随了我这么多年，对公司的感情跟我一样深。但是，这次我们一定要拿下这块地，不仅仅是为了其中的巨额利润，也是为了一个梦想，一个要在上海市中心建一座总部大楼的梦想。这些年来，你们处处为公司着想，不辞辛劳地付出，我想为大家提供更好的工作环境。我们科恩集团要不断前进，就像我曾经说过的那样，我们要像许多国外的大公司一样，让员工在市中心的高楼大厦里吹着空调、喝着咖啡办公。请大家相信我，我做的一切都是经过深思熟虑的，我绝对不会为了追求个人虚荣而置公司的前途于不顾。"

说到这里，我望了望下面依然沉默不语的员工们，他们目不转睛地看着我，表情都很严肃。

"好了，我的话说完了，现在大家举手表决，同意付款的请举手。"说完，我第一个把手举了起来。过了一会儿，有几个员工举起了手，慢慢地大家都把手举了起来。从他们的眼中，我看到了他们对我的信任和支持。这让我更加坚定了自己的决心——一定要在二工大这块地皮上建起科恩集团的总部大厦。

款打出去了，我立刻给赵处长打了电话，我告诉他 1000 万已经打过去了，请他查收一下，如果没有问题的话，我希望我们能够讨论一下接下来的合作问题。

"是吗？"电话那头的赵处长显得有点儿激动，"如果确实到账的话，明天上午咱们还在会客室见吧！"

第二天，我如约来到了赵处长的办公室，赵处长的态度显然比之前柔和了许多，说话的语气也不再那么冷淡了。

"陈先生，你的定金我们收到了，我们进行实质性问题的探讨吧！"赵处长不动声色地切入主题。

由于事前对这个结果有所预料，所以赵处长的表态并不出乎我的意料，我平静地说道："当然没问题。"

谈判进行得很顺利，因为我把这个合作项目的操作权全都给了二工大方面，所以整个谈判过程基本上没有遇到什么障碍。

"为什么要把合作的主导权全都交给对方？"我的律师、助手以及各部门的经理都在问我。

"在中国的商业环境中，最注重的就是'诚信'二字，阿基米德有一句名言：'给我一个支点和一根足够长的杠杆，我就能撬动整个地球。'在我看来，要撬起一个商业王国，我们的支点就是诚信，这也是我们闽商能够名扬世界的经商法宝。就像这次和二工大的合作，之所以能这么顺利，不就是因为我们主动打过去了1000万，增加了他们对我们的信任吗？

"还有，二工大是国家级教育单位，他们有充足的资源，丰富的人脉，更重要的是他们有国家这一强大的支柱做后台，这对于我们的项目来说无疑是巨大的帮助。而且二工大的人熟悉这块地，了解这块地，更重要的是他们对这块地有感情，他们非常希望能够参与到这块地的再建设中来，我把这样的机会给他们，他们势必会全心全意地付出，只有让他们也做这个项目的主人，他们才会把我们的事当作他们自己的事来认真对待。这对于我们双方来说，既是互利，也是双赢。"我认真地说。

此后，我们更进一步地仔细讨论了这个项目，经报上级批示，建设科恩大厦这艘承载了全体科恩人梦想的"航船"正式启航了。

这件事过后，我也进行了深刻的思考：为了能从虎视眈眈的大地产商眼皮底下把这块"肥肉"拿到手，我的确付出了很多努力，也冒了很大的风险，但我始终都相信：有付出终究会有回报。

经历了这么多年的商海沉浮，与形形色色的人打过交道，许多一开始看不起我的人，最后不是成了我的合作伙伴，就是成了我的好朋友。这一切都源于我始终秉持的经商原则：

那就是"利他主义"，我相信，这一点非常重要。做生意可以精明，但必须懂得付出。精明过头，不懂付出，一点儿亏都不想吃的人，在别人眼里是没有什么诚信可言的，又怎么会赢得别人的信任和支持呢？因此，我做任何事情都会首先为对方着想，始终以对方的利益为重，我不会削尖了脑袋只想着从对方身上赚多少钱，相反，我会给合作伙伴更多的利益，宁可自己利益少点儿，也不让对方吃亏。就像这次与二工大合作，我会给他们更多的利益，虽然自己的利益少了很多，却给自己节约了很多的时间和精力，也更大程度地获得了对方的信任，这是多少钱也买不到的。就因为这些理念，许多合作方都从心底里信任我，他们觉得和我合作是在增长利益，而不是在削弱利益，因此，我们之间的良好合作也一直延续至今。

贷款风波

拿到了政府动工的批文后，我很快支付了土地使用费，科恩大厦的项目也开始动工了。为此，我成立了一支精英团队专门负责总部大楼的项目，在我的精心计划下，一切都顺利地进行着。

可是，几天之后，财务经理找到了我，面有难色地对我说："陈总，我们的流动资金很紧张，现在已经没钱采购基建材料了，现在又到支付工人工资的时候了，怎么办啊？"

其实我也一直在为这个问题发愁，建楼计划的预算大概需要五六个亿，而我现有的资金是远远不够的。当务之急就是赶紧想办法解决这个资金缺口，经过一番深思熟虑之后，我决定先去拜访一些上海的金融机构，看看能否从他们那里寻求到一些帮助。于是，我一家一家地拜访，没想到全都无功而返！摆在我面前的，就只剩下一条路了——向银行贷款！

对于一个华侨来说，想要一下子贷那么大一笔钱，在当时几乎是不可能的。不用说，这又成了一个摆在我面前的巨大难题。但是，不管困难有多大，不管前方的道路有多少障碍，都不能阻挡我向梦想迈进的脚步。

经过一番精密调研后，我决定向当时一家实力和影响力都很强大的银行贷款。而如何才能成功地说服银行，贷下这笔巨款，又成为我当时所面临的最大挑战。

"换位思考"是我解决问题的最重要的思路，我开始站在银行的角度上分析情况，银行是靠吸收存储进行再次借贷或投资来运作的，借贷的时候最注重的就是对方的信誉度，以及是否有可靠的担保、是否有相应的抵押物产。目前，为实现建总部大楼的梦想，我已经将积累的所有资本都投入这个项目了，再没有其他的资产了。但我有二工大这块地，这块地位于上海市中心的黄金地段，本身的价值自然不言而喻。如果大楼建成，还将带来更为巨大的收益，所以有这块地做抵押，银行就没有理由不贷款给我。

抱着这样的心理，我前去拜访银行负责信贷业务的郭经理。

在郭经理的办公室里，我递上了详尽的分析报告和资料，并十分诚恳地阐述了自己的贷款请求。郭经理一言不发地低头看着我的分析报告，两道浓眉时而皱起，时而舒展，手指尖夹着的香烟，因为许久没吸而燃烧出长长的一段烟灰。

我静静地坐在一旁，紧紧地盯着他，此时的办公室里异常安静，我都能听见自己的心脏因为焦急、不安而剧烈跳动的声音。

不知过了多久，郭经理终于抬起了头，说道："你要贷这么大的数目，我们必须要研究一下。不过，我想先听听你的想法，你打算用什么办法，让我把国家的钱放进你的口袋？"郭经理不慌不忙地说，表情轻松而友善，这让我感觉放松了很多。

我认真而诚恳地对他说："郭经理，首先我声明，这并不是把国家的钱放进我的口袋里，而是我借国家的钱，为国家的经济建设作贡献，这钱我是会还的，连本带息。至于想法嘛，我有三个，不知能否得到您的支持？"我看着他，他做出了一个说说看的手势。

我说："第一，我有二工大的地，已经投入大笔资金了，这块地的价值您是知道的，而且它还在不断地升值，这是我贷款的基本保障；第二，我有成熟的团队，他们都是来自二工大的精英，我们做的是教育项目，一切都是在政府和国家的支持下进行的，有了这个保障，不怕回不来钱；第三，您要是贷款给我的话，大厦建成之后，贵行将会得到超出一般的回报，除了正常的付息报偿之外，在我们总部大楼建成之后，会以最优惠的价格为你们提供办公楼层。

"无论是以谁的眼光来看，我们这座大楼都会成为上海的商业中心，这是毋庸置疑的。如果贵行能转移到这座大厦里办公，相信您不会不清楚那将意味着什么。基于这三个想法，我想您完全有必要考虑我们的贷款……"

我有条不紊地向他阐述贷款所带来的好处，直到说完之后，我才发现郭经理坐在那里正目不转睛地看着我。他一动也没动，还保持着我刚进来时见到他的那个姿势，显然他是被我所说的话吸引住了，转而，郭经理哈哈大笑起来。

他说："陈先生，真有你的！我承认你的这一箩筐理由成功地说服了我，可这件事情不是我一个人说了算的，但是我向你承诺，我会尽我最大的努力帮助你。不过，君子要一言九鼎，将来我们的银行要到你的大楼里去办公的话，一定要最优惠的价格！"郭经理走到我身边，向我伸出了右手。

"当然没问题！"我紧紧地握住了郭经理的手。

事情超乎想象地顺利，我却有一种想要哭的感觉，想着自己这几个月来为此费尽心神、寝不安席、食不知味，想着我为了自己的梦想能得以实现所做的一切努力，我真的有太多太多的感慨。

终于向银行贷到了款，还没来得及庆祝，一场突如其来的风暴就将我初见眉目的计划一举击毁了。就在我们原本以为终于可以顺利开工的时候，政府一道责令停工的通知突然摆到了我的面前，毫无防备的我一下子就蒙了……

责令停工

当时，全国各地在大兴土木的同时，都在严格地执行文物保护法，而我要建楼的基地——上海二工大花园内恰好有两栋文物级别墅，被列为国家重点保护对象。一栋是清末著名实业家陈炳谦的住宅；另一栋也是一位名人的别墅，宋庆龄还曾在此居住过。

□ 每每看到陈炳谦先生的这座简洁大气的别墅，我的内心都充满恭敬

　　这两栋别墅都是极其珍贵的文物建筑，备受政府的保护与关注。但不知什么原因，那位名人的别墅上的门牌居然不见了，因为谁都没有注意到这个问题，再加上我当时忙于总部大楼建筑项目的整体规划，竟然忘记了及时叮嘱工人。于是，这栋别墅在动工之后不久，便被毫不知情的工人意外拆除了。

　　动工许可是政府批准的，工人们也是奉命开工，因此，我没有理由去追究工人的责任，也无从查实这个门牌究竟是怎么不见的，它到底在哪里。可这些都不重要，重要的是，整栋文物别墅被破坏了！为此，我陷入了深深的自责。

　　令我没有想到的是，这件事情很快便在上海的文物界掀起了轩然大波，紧接着就是接连不断的指责和攻击声，各界舆论都认为我是华侨，所以不在乎中国的文物，很多华侨朋友、合作伙伴也都认为这是我好大喜功、有勇无谋、不知天高地厚的结果。一夜之间我成了追求金钱、无视国法、冒天下之大不韪的奸商，甚至成了许多人眼中的卖国贼。这一切一下子把我推到了风口浪尖上。

文物被破坏，我怎么会不心痛？可是这一切的错误都是无意中酿成的，并不是我明知故犯，我敢拍着良心说，在国家利益和个人利益面前，我会毫不犹豫地选择国家利益，放弃个人利益。我绝对不会为了追求金钱而丧失了一个中国人应有的责任和良知，但是没有人相信我的话，也没有人相信我是清白的。

我把所有的家当都压在了总部大楼的项目上，停工就意味着每天我都要损失一大笔钱，而银行的贷款也马上就要到期了。所有的事情就像一团杂乱无章的乌云笼罩在我的生命中，怎么也挥之不出去。重重的压力堵在我的心口，压得我喘不过气来。

那段日子，我每天奔走于各个相关单位和部门，可是，无论我怎样诉说，都无功而返。在此期间，有不少单位态度强硬地向我发出警告，并扬言要将我绳之以法。说实话，我有点儿害怕，我甚至感觉自己倾尽心力所追求的梦想在这一刻就要彻底破灭了。迫不得已，我返回到意大利，找到驻意大使馆，希望大使馆能够出面帮我协调解决这件事，能够争取得到祖国的宽容和理解。可是一切的努力都没有任何进展。

在此期间，也有人帮我出过这样的"馊主意"：他们说，陈田忠你真是一根筋，现在这个时候，有谁会听你红口白牙去诉苦。与其坐以待毙，不如以金钱当作敲门砖，去扭转局面。但是，我告诉自己，那条路是我死都不能够去走的！如果那样做，便是错上加错！老天爷都不可能原谅我！

晚上，我整夜地睡不着。我躺在床上，整个事件的经过就像过电影般，一遍又一遍在我的脑海中闪过，敲打着我那颗疲惫不堪的心。我身心俱疲、形容憔悴，人整整瘦了一大圈。那是我人生中最为艰难的时刻，即使当年在意大利住地下室、吃剩面包时，我也从未感到过如此巨大的压力。

我意识到，我不能再这样下去，我不能再找借口，我必须要承担起我应负的责任。我陈田忠不能就这样被困难打倒！这些年来，我经历过那么多的坎坷和挫折，不是都挺过来了吗？很多看似陷入绝境的事情，不是后来都云开月明了吗？事情已经发生了，我必须要想办法挽回损失！

可是损失究竟应该怎样挽回？价值连城的文物我该怎样赔偿？如今我把全部的身家性命都押在了盖总部大楼这件事上。我几个亿的资产全都投资在里面，如果大楼就这样成了烂尾楼，那么我的一切就都完了，又谈何为国家作贡献，又谈何给国家以补偿呢？如今，大楼就是我的全部，大楼就是我的生命。如果要补偿，那么我生命中最值钱的东西，大概就是这个被勒令停工的大楼了！

凤凰要想涅槃重生，就要经过一番烈火铸炼，我相信眼前的一切都是上天对我的磨砺和考验！

为了弥补国家的损失，也为了让我充满负罪感的灵魂能够找到出口，我找到了慈善基金会，提出将整个总部大楼中最好的两个楼层——第二十三层和第二十四层全部无偿捐献给社会做慈善公益事业。这两层楼如今的市值已经超过了一亿元人民币。

也许是我的诚意感动了上天，他终于再次为我打开了"重生"的大门。

慈善基金会被我的诚意感动，开始出面帮助我协调大楼复工的事情。渐渐地，有关部门也开始意识到，既然被破坏的文物已经无法修复了，现在即使把陈田忠赶出上海、赶出中国也不能挽回什么。更何况，国家不应该因为一个无心之过，便把一个回国投资、全心全意地致力上海的建设、立志投身教育和慈善事业的华侨"一棒子打死"。况且这个工程涉及方方面面的利益。首先被影响到的是二工大新校区的建设，因为后期的款项很难及时付给他们了，这对于二工大来说也是笔很大的损失。另外，为了完成这个项目，我陈田忠从银行贷了一大笔钱，如果项目不能如期完成，银行贷款就很难如期还上，银行也要因此蒙受损失。所以综合来看，允许复工才是"多赢"的选择，一方面，二工大新校区的建设能够保证，银行贷款能够如期归还，而大楼建好后，慈善基金会也会得到很大的利益；另一方面，允许复工，华侨回国投资的积极性也能够得到保障。

鉴于几个方面利益的综合考量，我最终得到了政府的宽容和理解，事情渐渐开始变得顺利起来。

1996 年，我的总部大楼工程终于恢复动工了，我的人生终于又迎来了新的曙光。

黎明悄悄地走进整个上海，金色的阳光透过嫣红的云层洒向大地，我敞开胸怀呼吸着新鲜空气，深深地感到生活是那样美好！

如今，回过头来想，我认为，我之所以能够度过那段人生中最为艰难的挑战期，主要缘于我内在所具有的三种品质：第一种品质是坚持，为了达成目标，为了实现梦想，无论经历多少磨难，我都会勇往直前、奋斗到底，不达目的誓不罢休；第二种品质是光明磊落，当人生陷入最艰难的困境时，我没有动过一丝一毫去走歪门邪道的念头，我告诉自己，我陈田忠一定可以通过光明正大的方式走出困境；第三种品质是舍得和奉献的精神，在人的一生中，小舍就有小得，大舍才能有大的作为！

第七章
转战房地产

两棵银杏树的救赎

几经周折，大厦工程进度终于逐渐步入正轨。在这个过程中发生了一件小事，但就是这件小事，让我对人生有了更加深刻的体会。

一天，我去工地现场查看工程的进展情况。走进施工现场，发现大家一直在谈论什么。其中有一个工人说："这么好的银杏，太可惜了！"

"听说这两棵银杏已经120年了，是以前那个陈老先生买回来的。人都说十年树木，更何况已经100多年了，真是可惜啊！"另外一个人接过了话，说完之后还叹了一口气。

这时候，工头老王摇摇头说："现在说什么都没有用了，这里要建大楼，两棵百年银杏树定会碍不少事的，老板怎么可能会留它们呢？"

这一番话让我陷入了深深的思考，120年的银杏树，这意味着什么？因为一时马虎没有保护好文物别墅，已经让我抱憾终生了，难道这一次还要犯同样的错误吗？

我想起了在意大利，有一次我和朋友亚历桑德罗在罗马的林荫古道上散步的情景。

亚历桑德罗感慨地对我说："陈，你觉得我们罗马怎么样？"

呼吸着清新的空气，感受着周围美好的一切，我情不自禁地说："我非常喜欢这里。"

亚历桑德罗更是一脸自豪地对我说："意大利和你的祖国一样都是历史悠久的国家，你看，马路旁的这些古树都是很早以前留下来的，现在我们的国家每年都耗费巨资来养护它们，因为它们对我们国家来说就是巨大的财富，你的国家是否也是这样做的？"一时间，我不知道该说什么好，

· 141 ·

那时国内正在全力发展经济，拆除旧建筑、建设新城区进行得如火如荼，根本谈不上古树的维护与保养。

如今，这两棵 120 年的银杏树如果放在罗马的话，一定会安然无恙，而现在，我的工人却要将它们砍伐掉。意大利能把古建筑和树木都保护得那么好，同样历史悠久的中国，难道就做不到这一点吗？无论付出什么样的代价，我也要留下这两棵珍贵的古树，因为它们的价值和意义是用多少钱也买不到的！

"快点干活吧！不要多嘴了，老板来了。"一个小声的警告打断了我的思绪。

走到工人们身边，我对他们说："大家都停手吧，你们先回去休息，什么时候动工，我会让负责施工的经理通知你们的。"

□ 今天，保存下来的百年银杏树依然茂密而蓬勃地生长着

听到我的命令后，有些工人的脸上露出费解的神情，我猜他们心里一定在说："老板又哪根筋不对了，好不容易恢复施工了，这才几天，就又要停工，现在可是施工的关键时期啊！"还有一些工人的表情满是欣慰，可能是为这两棵银杏树有可能保住而感到高兴吧！

回到办公室，我让秘书找来了这两棵银杏树的有关资料。这才了解到，这两棵银杏是当年陈炳谦先生在买下这栋别墅之后买回来的，为的是能够给他和他的家人带来财运和好运。经历了无尽的战火和120年的岁月的摧残，这两棵银杏树仍旧顽强地生存下来。

这一切都告诉我，这不仅仅是两棵银杏树，更是历史的见证，它们代表着一种文化、一种传承、一种精神的力量。

回到办公室，我立即召来负责工程建设项目的高经理，没等他开口，我就责备道："你是怎么回事！工程中出现的状况，为什么不向我及时汇报？"

高经理不知道发生了什么事，便问道："什么大问题？陈总，最近我们的工程并没有什么问题啊？""还没什么问题！那两棵银杏树——清楚了吧！你打算不向我汇报就要把它们砍掉吗？"我生气地说。

一听原来是这个事，高经理便解释道："我还以为您说的是什么大事呢，原来是这个！陈总，我们的项目已经获得了政府的动工许可，现在要建房子，那两棵树是障碍，所以必须砍掉。"

"那两棵树不能砍！不管用什么方法，你都要把它给我留下来！"我用不容商量的语气说道。

高经理面露难色地说："陈总，保留那两棵树会影响我们的工程，它们所在的位置将来会是我们的停车场，如果留着它们，势必会减少我们的车位，而且政府并没有把这两棵树划为文物，也就是说，我们可以全权处理，不用担心要负什么责任啊！"

听了高经理的话，我的火气更大了。但是我转念一想，高经理的想法和做法都没错，他也是从整个项目的利益出发，也是在为我考虑。看着他费解的眼神，我平静地对他说："高经理，我不想再重复，希望你能听懂我的意思，不管付出多大代价，我要的是那两棵树都安然地长在那里！"

高经理没再说什么，怏怏地走了。

就这样，两棵百年银杏树保留了下来，之后在建大楼的过程中，虽然常有资金周转不灵的时候，但我始终都坚持保留一部分钱用于养护这两棵银杏树，尽管有人说为两棵树这么做不值，但我认为，这两棵树代表的是一种精神，体现的是一种文化，无论花多少钱，我这样做都是值得的。

第八章

做英式教育的先行者

别人流血，自己得到教训，这是代价最小的教训；自己流血，自己得到教训，这是代价最大的教训；自己流血，别人得到了教训，这是最可悲的教训。

达沃斯的启示

　　一阵急促的电话铃声打断了我的工作。

　　拿起话筒，耳边传来一个低沉沙哑又十分熟悉的声音："陈，最近好吗？我有件事要和你商量，想听听你有什么意见。"

　　"奥赛尼柯先生，您太客气了。如果我的意见对您有用的话，那将是我的荣幸。"我说道。

　　奥赛尼柯先生是意大利国会议员，在当地颇具影响力。我们相识多年，早已成了一对忘年交，我们还合作创办了意大利高科技产业有限公司——做机械加工。奥赛尼柯先生是大股东，而我是小股东，负责进出口贸易方面的业务，尤其针对东南亚市场进行开拓。

□ 1989 年在米兰与意大利议员奥赛尼柯，我们是一对忘年交

"你知道吗，达沃斯世界经济论坛又要开始了？我已经参加过六次了，现在我的年纪也有些大了，所以这次我决定推荐你去，你看怎么样？"奥赛尼柯先生说。

"我去参加——这可以吗？"我疑惑地问道。达沃斯世界经济论坛，那是一个多么高端的论坛啊！以我目前的资历，要去参加那样的盛会，几乎是不可想象的！

"呵呵，陈，你知道吗？你是我近几年来接触到的最有发展潜力的年轻人，你完全可以去参加这个论坛，这将对你以后的事业大有帮助。我年纪大了，而且最近的身体也不太好，希望你能够代替我去参加这次的达沃斯论坛，我也很乐意将这个机会留给你。"奥赛尼柯先生的语气真挚而诚恳。

奥赛尼柯先生说的一点儿也没错，达沃斯世界经济论坛是全世界的商人都梦寐以求的舞台，对于我——一个普通的中国商人来说，它的意义是用任何字眼儿都无法表达的，这也是奥赛尼柯先生对我的信任和鼓励。我没有再推辞，而是向奥赛尼柯先生保证，一定会去参加这次论坛，绝不辜负他的期望。

结束了和奥赛尼柯先生的通话，我的心久久不能平静。在 1996 年，对于大多数的中国百姓来说，"达沃斯论坛"还是一个很陌生的词汇，但是对于我来说并不陌生。这是一个云集了全球顶级企业 CEO、世界知名经济学家、政界领袖、商界精英、传媒人士的经济盛会，可以说，能够参加这个盛会的人，不是具有非常高的地位和名望，就是在经济和商业领域成就斐然。奥赛尼柯先生已经参加过六次达沃斯论坛了，从他那里我了解到很多关于达沃斯的信息和资料，心里对这个盛会也十分向往，没想到，这个机会竟然就这样降临到了我的身上。

在奥赛尼柯先生与 BBC 的一位荷兰籍记者的联名推荐下，我携带着相关资料，奔赴瑞士小城达沃斯。

在达沃斯，我惊奇地发现，我居然是参加这届论坛的人里最年轻的，以至于几乎没有人相信我是参加论坛的代表，虽然西装笔挺，却总被人当成是服务生——很多人喝完咖啡便把空杯子递给我。达沃斯论坛的欧洲部长史密斯先生也略带调侃地对我说："陈，你的公司是所有参加论坛的公司中最小的一个！"毕竟是玩笑，他话锋一转，又接着说，"但你的公司，也是发展最快的一个，从 3000 元钱起家发展成为如今这么大规模的公司确实不容易，难怪奥赛尼柯先生会坚持推荐你过来。"

是啊，在那些参加达沃斯论坛的商界大佬眼里，我只不过是一个无名小辈，年纪最轻、资历最浅，我的公司同样是不为他们所知的"小企业"。我能来到达沃斯，这本身就是一件非常有戏剧性的事情。而对于我来说，这里展现给我的是一个不一样的世界，在这个平台上，我接触到了世界顶级的精英人士，获得了全球最前沿的经济信息，这些都让我受益无穷！

那年，达沃斯论坛的主题是"国际化"，当时也正值中国加入 WTO 谈判的关键时期，作为一个从事了多年国际贸易的中国商人，我深知"国际化"对于未来的中国意味着什么，我的心里有一种十分强烈的感觉，就是中国要想走国际化道路，追赶上世界的脚步，必然需要一大批具有国际视野和思维的专业人才，当然也就需要一套变本土化教育为国际化教育的思路，把外国先进的教育理念引进来，将中国学生培养成具有国际视野的创新型人才。中国人将不再是外国人眼中只能替人接空杯子的"土包子"，而是未来世界经济的主导者和推动者！

而我，就是要做一个把国际化教育引入中国的开拓者，就像我十分崇拜和敬仰的前辈、同乡、爱国华侨陈嘉庚那样，把自己毕生的心力都投入教育事业，为祖国培育出更多的人才，为国家作出更大的贡献。

两次不可思议的谈判

在意大利，我曾和欧洲经济学院院长谈及在中国从事国际型人才教育的设想，他很感兴趣，用十分肯定的口吻告诉我，这是一个很好的想法。他说，欧洲经济学院国际金融的教育和研究实力都很强，如果我能和他们合作，一定能对接下来的国际化教育的实施产生重大帮助，他认为，这一定会成为一件对中国未来发展产生重大意义的事情，而且，他也非常愿意与我合作！

得到他的支持与肯定，我由衷地感到高兴，一旦中国的学生进入外国

学习，外国的学生也进入中国学习，这种交换式、联合式、双向式的教育
将对中国的教育产生重要的影响。

□ 2003 年在伯明翰城市大学，我的国际教育之路就是从这里起步的

我以最快的速度组建了一支队伍，并请来了国内外著名的教育专家，
投入一笔资金开始了国际教育事业的调研工作。

我们走访了国外的诸多名校，如剑桥大学、牛津大学、罗马大学、米
兰大学、米兰理工大学、都灵理工大学、阿姆斯特丹大学等，足迹遍布整
个欧洲和拉美等地区。同时对国内的情况，我也做了充分调研，做这些工
作只有一个目的，就是希望可以为国际教育的本土化做好一切铺垫。

可是，就在我的专家团队开始最后论证时，分歧出现了，一部分专家
支持办意大利式教育，其理由是，我是意大利华侨，做这个国家的教育，
各方资源都会比较多；而一部分人则力挺美式教育，因为美国是世界上最
发达的国家，开办美式教育，一定会对我们国家的教育起到非常有力的推

动作用；还有一些专家赞成英式教育，因为一来英语是国际通用语言，普及率非常高，二来英国的高等教育体系被认为是世界上最为严谨复杂但又灵活的教育体系之一，十分符合我们之前设定的教育思想。三方争论不休，始终无法得出定论。

夜深人静，我也陷入了深深的沉思，三方的观点都有各自的道理，但决策权在我手中，选择什么样的教育体制关系到国际教育的成败，我必须慎之又慎。就在我感到难以取舍的时候，一张面孔出现在了我的脑海里。对呀，威尔斯先生，我怎么把他给忘了。想到这里，我迅速拨通了威尔斯先生的电话。

威尔斯先生是一位德高望重的大学校长，英国人，在参加达沃斯论坛的时候，我有幸认识了他。

"陈，你怎么这个时间打来电话？如果我没记错的话，现在的中国应该是深夜。"威尔斯先生感到十分惊讶。

"是的，威尔斯先生，但我已经顾不得那么多了，因为有一件事我想得到您的建议。"

"哦，是什么让你如此迫不及待？你快说吧！希望我的建议对你有用。"

我把想办教育的想法仔仔细细地告诉了威尔斯先生。他笑道："记得在达沃斯，我听你提起过此事，但我以为这只是一个并不成熟的想法而已，没想到你的行动力这么强！陈，我非常支持你办教育，至于建议，我当然希望你做英式教育，要知道，我们英式教育在全球都是非常受欢迎的。正好，我们学校过些日子要举办校庆典礼，现在我诚挚地邀请你来参加我们的庆典，希望你能有所收获。"

这对我来说是一个非常好的参观学习机会，我怎么能错过呢？我如约来到了这个具有上百年历史的名校，与众多英国名校校长交流时，我才发现，原来英式教育是如此有魅力！英式教育的 QAA（The Quality Assurance Agency for Higher Education，英国高等教育质量保证机构）体系深深地吸引了我，这一体系的优势在于其外部体系与内部成员之间可以互相监控，从而达到最优化的效果；而且，英式教育是一种传统的绅士教育和精英教育；另外，相对于使用范围较小的意大利语，英语是世界通用语言，这是发展国际型教育以及培养跨国型人才的基本保障；况且，英式教育已经在马来西亚、新加坡等亚洲国家被成功地运用，就连中国香港、中国台湾等地区也都使用英式教育，并培育出了众多的优秀人才，因此，我相信它同样适用于正在飞速发展的中国大陆。

最终，我把目光锁定在了英式教育上，把要做的教育定位为国内国立教育的补充，我开始和一些国内的学校进行谈判。但是，我深知，一切才刚刚开始，以后的道路将会非常漫长且艰难。我知道自己不是比尔·盖茨，不是世界知名的顶尖人物，不是名校校长，而且之前也没有做过教育，我凭什么说服别人相信我？那些名校为什么要与我合作？这是摆在我面前的最大难题。

1998 年 6 月，我收到了英国伯明翰城市大学校长大卫发来的一封邮件。大卫校长在英国享有极高的威望。他曾经是剑桥大学商学院的院长，后被调入伯明翰城市大学担任校长，在他的带领下，伯明翰城市大学迅速发展为英国最顶尖的学府之一。这一切，大卫都功不可没，因此，他在英国教育界备受尊崇。

他在信中这样写道："陈先生，你好！你发来的邮件我已看过，调研报告做得非常详细，你提出的国际教育理念也很新颖，我对此很感兴趣。但同时，我对于这种跨国合作的可行性有些怀疑，毕竟它是很新的概念，我们可能会面临很多难以预料的问题，不知你是否有足够的理由来说服我？等你的答复！"

在看过邮件后，我的整个团队都陷入了深深的狂喜，随后所有人又都开始担忧起来。喜的是伯明翰城市大学是英国的现代化程度最高、综合能力最强的高等学府之一；忧的是对于这么一所国外名校，我们如何才能打动他们。

伯明翰城市大学的历史可以追溯到 1843 年，其教学质量在英国大学中长期稳居十强之列。下属学院——伯明翰艺术设计学院的珠宝设计专业更是长年稳居全球第一。虽然这不是一封确认合作的邮件，但我们从中看到了合作的希望，如果能与伯明翰城市大学展开合作，在名校中打开一个缺口，让其他学府看到合作的前景，那么接下来的工作就会轻松多了。

我马上回复了邮件："大卫校长，很荣幸能够得到您的认可。近期，我会登门拜访，我相信我有足够的理由说服您同意这次合作，因为，我们都是不畏挑战的人。"

第二天，我登上了飞往英国的班机，如约来到伯明翰城市大学。刚走进校门，一股甘爽的青草香味便扑面而来，在湛蓝的天空下，我穿过一片绿茵，走到了一座古朴的欧式建筑前。校长办公室就在这座建筑里。

大卫先生身着典型的绅士装，面带谦和的微笑。

他亲切地招呼我坐下，几句闲谈过后，大卫将谈话引入正题："陈，你是知道的，理念和现实之间往往存在着很大的距离，而且还会有很多难以预料的状况。说实话，你的调研报告我很感兴趣，但我有些犹豫，伯明翰城市大学的声望来之不易，我做任何决定都要格外谨慎。况且学校如今的发展势头也十分强劲，所以我还没有找到一个拓展国际教育的充分理由。"

我说："大卫校长，我非常理解您内心的矛盾。我知道您的学术地位显赫，事业也非常成功，伯明翰城市大学在您的掌管下更是成绩斐然，您为英国培养了大量的人才，在英国教育界有着极高的威望。"

"哈哈！你太过奖了！"大卫爽朗地笑了。

我笑笑说："您不用谦虚，我绝对是真诚的，没有任何恭维的意思，您的成就是有目共睹的。只是，有一点我觉得非常遗憾，贵校是世界闻名的学府，但它真的跨越国界去帮助其他国家了吗？特别是发展中国家。您或许会觉得我这个问题问得没有道理，但我始终相信这样一个事实：能力越大，责任也应该越大。"

"陈，你是说我在浪费资源，或者说这是一种自私的表现？"大卫先生反问我。

□ 2007 年 12 月与大卫先生，我们的手依然紧紧相握

"不，我并没有那个意思！您有所不知，中国有将近 13 亿的人口，未来急需大量的国际型人才，这是一个千载难逢的机遇。如果此时将英式

教育引入中国大陆，我们都将大有作为，您和我都将为中英两国文化的交流和融合作出贡献，当然，主要是您。而我之所以会选择英式教育，正是因为看中了它的普适性及其在全球的被认可度。如果您同意合作，我敢确信，这将是一次划时代的创举，您将成为历史上第一个把英式教育推向中国大陆的人，伯明翰城市大学将从您这里走进世界上人口最多的国家，而这一点绝对将被历史铭记。"

"好，陈，继续说下去！"大卫饶有兴致地看着我。

我继续说道："中国的教育需要与国际教育进行交流，而作为名校，我觉得也同样需要国际化，而不只是独享教育成果，这也是它理应肩负起的神圣使命。全球化潮流的到来是我们的幸运，而能否抓住这种幸运，主动权就在你我手中。就像我在邮件中写的那样，我相信我们都是不畏挑战的人，大卫先生，您说是吗？"我不紧不慢地说着，就像做学术交流一样。

一番"慷慨陈词"过后，我看到大卫先生的眼中闪着一丝亮光，刚刚还靠坐在椅子上的他，此时已站了起来，他兴奋地看着我说："说得很好，陈，那你打算怎么合作？"

"合作的方式很简单，我出资金，您提供教材和师资。我们先在中国建立校区，全面推行英式教育，之后逐步打造国际校区概念，在全球复制我们的品牌。"

"陈，为人类的教育事业作贡献是我毕生的愿望，我希望能通过你的帮助来实现这个愿望，当然，现在应该说是我们共同的愿望，我明白你和我都有一个共同的理想。我非常乐意，也非常高兴与你合作，就照你说的办吧！关于合作的具体事项，我们安排一个时间再详细讨论，你看如何？"大卫先生显得非常激动，"但是，有一个条件——你必须先给我一个详细的计划报告，要区别于之前那种设想性的，我要可执行的报告，对！可执行的！"大卫先生十分严肃地重复道。

我冲他坚定地点了点头。

大卫走到了我的身边，他紧紧地握住了我的手，仿佛这次合作已经成功了一样。在那一瞬间，我们不约而同地笑了起来。我们在短短的10分钟里迅速达成了一致，如今回想起来，都是一段不可思议的经历，无论是我还是他，之前都没有遇到过如此一拍即合的"谈判"。这甚至让我觉得我们的相遇绝非偶然，而是冥冥之中的缘分。

英国人喜欢喝下午茶，之后的很多细节都是我们在下午茶的时间里商定的。我和大卫先生志同道合，也就是从那时起，我们成了一生的朋友。

不过，坦白说，这个"谈判"之所以能够成功，并不是什么命中注定的缘分，而是因为我以真诚的心抓住了大卫的心。

我总是在不停地总结与人愉快交流的方法，或者是怎样才能成功地说服他人，让他们迅速地接受我的观点。我觉得，无论进行什么样的"谈判"，都要讲究一些方法：首先，"谈判"时必须尊重对方，尊重他的习惯，自然就能在无形中拉近彼此的距离，从而为协议的最终达成奠定良好的基础。

其次，我觉得"谈判"需要智慧，这是其他任何东西都取代不了的。你必须用你的智慧编织出一套属于你的逻辑，然后步步为营，把对方带到你的逻辑里去，让他跟着你的思维走，这样，对于你的观点，他就不可能拒绝。

最后，就是要用"心"，这个"心"不是心思，是情感。你必须要从对方感兴趣的事情入手，你所说的每一句话，必须是他心里最想接纳的东西，他最关心什么，你必须知道；他想要什么样的效果，你也必须清楚。因为只有这样，你才能成功说服对方。

尽管已经与国外名校谈好了合作事宜，但来自国内的阻力仍给了我沉重的打击。当时，中国的教育还秉承着以往的传统，依旧以国立教育为重中之重，私立教育只是一个简单的辅助。加之，当时国内还没有人敢去尝试做英式教育，这就使得我办英式教育的路显得十分艰难。

我选择的第一个合作对象是同济大学，但我被拒之门外了。紧接着是复旦大学，结果也被拒绝了。后来我又找到上海交通大学、上海外国语大学和北京语言大学，虽然这几所大学没有完全拒绝我，但是都要求我必须得到教育部的认可与支持才能考虑合作事宜。

我又一次开始了新的谈判之路——我每天奔走于国家教育部的各个相关单位之间，这条路，我走得同样很艰难。当我把办英式教育的调研报告和其他相关资料递到当时教育部的领导手中时，领导甚是惊讶，因为那个时候国家正在拟订完善我国教育事业方面的法令，正在初步调研有关国际教育方面的工作，为日后引进国际教育做准备。

英式教育当然属于国际教育，看着我的调研报告和申请书，部长笑了笑说："小陈啊！英式教育可不好做，外国名校的英语教材那么难，国内的学生很难跟上啊！国内之前也没有人做过英式教育，再说，你也不是做教育出身的，现在的环境和时机都不够成熟，再等等看吧！"

"部长，国际教育是我进行了充分的调研和准备之后才决定做的，现在我已经说服了国外的名校与我们一起合作，他们对这个项目十分支持。而且，我们国家也需要国际化的人才，因为我们要跟世界接轨，没有国际化的人才，也很难在国际化浪潮中站稳脚跟。"

尽管我言辞恳切，他还是摇了摇头，然后很冷静地对我说："办英式教育是件大事，上级领导也很关心，只是现在时机还不成熟，还是缓一缓再说吧！你先回去，材料放在这儿，等时机成熟了我们再谈！"

就这样，我被"打发"回来了。

即使是这样，我也不想放弃，做英式教育是我当时最大的梦想，前期也做了很多准备工作，我不愿意就这样放弃。

于是，第二次、第三次……我接二连三地去找教育部的领导，恳切希望他们能够批准我办英式教育，可每次都无果而终。

当我再一次走进部长办公室的时候，我的心情十分复杂，我告诉自己："陈田忠，这是你给自己规定的最后一次了，再也没有下一次了。"我要给我自己力量，更要让自己觉得没有退路，这次是背水一战，没有选择了——我必须要说服他们，我必须要办英式教育。

再一次见到我，部长很是吃惊，他没有想到我会又一次出现在他的面前，他冲我笑了笑，示意我坐下。

我开门见山地说："部长，我这次来还是为了办英式教育的事，您应该了解我的决心，也知道我对这个是很有信心的，而且现在正是合适的时机，希望您能支持我。"

听完我的话，部长哈哈大笑地说："看来你是铁了心要和我叫板了！"

我也笑了，但没有那么轻松。

看他一脸等着我长篇大论的样子，我也就毫不客气地开始了："您只知道我是华侨，生活在意大利，但是，您不知道我都经历过什么，为什么如此执着地想要办教育。

"刚到意大利的时候，我几乎是身无分文，当过服务员，做过搬运工，很长一段时间我都住着四面透风的房子，过着三餐不继的日子。但这个绝不是我想要的生活，如果我是一个安于现状的人，我也绝对不会孤身一人跑到异国他乡。后来，在我自己的努力与打拼下，我的生活状况才渐渐地有了好转。在此过程中我也明白了一个道理，就是'知识改变命运'。在罗马的时候我受尽了各种各样的歧视，现在我明白了其中的原因，那就是如果国家的文明程度和民族的素质跟不上时代，那么这个国家的人民就会被别人瞧不起。

"后来我做了一家制衣厂的国际贸易部主管，在这个过程中我渐渐地发现了一个趋势——世界贸易正在逐渐走向一体化。我国现在正在筹划加入 WTO，这就需要我们提前储备一批拥有专业技能的国际型人才。可是，显然这一点现在我们还达不到，这让我很着急，为我们国家的未来着急，所以我想办教育，我想把英式教育引进来，目的只有一个，就是为我们国家培养这方面的人才。

"是的，我是一个商人，但我更是一个中国人，我只想为我们的国家尽自己的一份力。您也看了我们的调研报告，英式教育在东南亚许多国家都推行得很好，并培养了大批的国际型人才，相信在中国也做得到。我恳请您批准这个方案，至于办英式教育的资金和费用，全部由我来承担，成功的话是得益于国家和教育部的大力支持，如果管理不善，我将承担一切后果！"

在这长达几个小时的交锋中，领导显然有些动容了，他想了想，慎重地对我说："小陈，我非常欣赏你做事情的这种执着追求的精神，作为一个在国外奋斗的华侨商人，你对祖国教育事业的这份心意让我很感动。作为教育部的领导，我非常赞成培养国际化人才；作为个人，我也十分愿意支持你。但是，这件事情不是我一个人能决定得了的，我需要向上级汇报，上面研讨也需要时间。所以，这件事情只能等着，我答应你会尽力争取，但是你要先回去静下心来等我的答复，不要三天两头就来办公室找我'谈判'了，你看行吗？"

回到家，我度日如年地等待着领导的答复，虽然表面上十分平静，心里却是万分紧张和不安。这个结果关系到我的梦想能否最终实现，面对困难并不可怕，拥有成功也并没有想象中的那么困难，可是，等待的过程真的让我心力交瘁。

1999 年 7 月，经过坚持不懈的努力和各方的大力支持，批文终于安然到达我的手中。

从开始计划筹备到拿到批文，用了整整两年的时间，看着手中的批文，想着这一步步走过来的艰辛历程，欣喜之余又不禁让我感慨万千。我知道，批文并不能够代表成功，这只是万里长征走出的第一步，接下来还有许许多多的困难，但是不管前面的路上还有多少荆棘，我想我都能一一战胜。

顺利地拿到了批文，但是批准办学的地点没能如我所愿！

我是福建人，希望可以到家乡去办学。可教育部的领导说，中外合作的英式教育是作为国立教育和私立教育的补充，批到比较繁华的大都市不现实。

那时候正在全面实施西部大开发战略，为了响应国家号召，上级领导更倾向于能够在西部办学校，但考虑到英式教育比较先进，而西部的教学力量则相对偏弱一些。经过反复讨论，最后把办学地点批在了湖南株洲。

领导说，正好湖南株洲有个职业技术学校搞得不是很好，这时候过去，顺便还可以为他们提供一些教育资源和设备。

只能去那里，没有其他的选择。于是，我带领着团队开始向湖南进发。

折戟湖南

1999 年 10 月，随着第一批招生的开始，我的英式教育之路正式开始了。我从国外引进了最先进的教学体系，聘用了一流的英国老师。本以为有了教学场地，有了先进的体系，有了一流的老师，就可以顺利展开英式教育，为国家培养精英人才了。可是，接下来一个意想不到的困难突然冒了出来，而这个困难最终导致了我在湖南的教育事业以失败告终。

因为此前国内教育中的英文教育比重很少，学生们的英语基础都非常薄弱，以致根本听不懂外教老师授课的内容。

为了解决学生听不懂外教授课的难题，我不得不找来同期翻译，这也极大地增加了投资成本。更为严重的问题是，国外名校对于考试有着严格的规定，与国外名校合作时我们就已定下了采用全英语考试的模式，可是，以学生们的英语基础，勉强听懂外教老师的授课已经很不容易了，要想通过全英语的考试几乎是不可能的事。

□ 1999 年在湖南株洲举行了湖南欧洲经济学院揭牌仪式

学生的基础限制了教学水平，成绩上不去，各项考试通不过，国外名校也不认可当时的办学水平和现状，整个英式教育的推行都受到了阻碍，这就是当时我面临的困境。

我开始意识到问题的严重性，想要努力寻求突破，却找不到更好的出路，就这样在湖南做了一年，我的英式教育宣告失败。

消息一出，顿时舆论一片哗然，指责、嘲笑，甚至是攻击，都铺天盖地地向我席卷而来，一直关怀我的长辈和交情深厚的友人纷纷打电话来劝我放弃。

"你还年轻，不必现在就投入全部精力做教育。倘若真想做，等过些年也不迟，如果你想出名，捐些钱或设备给学校也就可以了，没有必要做这些清水事业。"

"当前国内的情况，做私立教育估计还有些出路，要做英式教育恐怕是异想天开，再说华侨办国际教育也没有这样的先例，你何必蹚这个浑水。"

这些我还都能接受，但最糟糕的莫过于许多人开始纷纷议论，说我脑子有问题，瞎折腾，放着赚大钱的房地产和国际贸易不做，偏偏走一条没钱赚的"死胡同"。

听到这些，我觉得有点儿承受不住了，我感到前方一片黑暗，觉得四面八方都有一股巨大的压力向我袭来，恨不得要将我整个人都吞噬掉。尽管我非常想从这种窘境中摆脱出来，但我不能为自己辩解什么，因为失败就是失败，在这个世界上人们喜欢听的还是成功者的理论，失败者几乎没有话语权。

别人的看法可以暂且放到一边，最让我无法接受的还是我自己，以往我一直都认为，只要有梦想，够努力，梦想就能实现，而现在我为教育事业付出的所有努力，全都付诸东流了。除了眼睁睁地看着这一切，我找不到任何挽救的办法。

遭受了这样的打击，我的内心非常痛苦，整天都在想着为什么会失败，问题到底出在哪里，是因为我的想法太不切实际了，还是在执行中出现了什么问题？

当时，正值初冬时节，站在空荡荡的教室里，我整颗心也感到无比寒冷，我找不到问题的根源在哪里，也不知道该怎么解决。放眼窗外，我甚至觉得这座城市都在寒风中瑟瑟发抖，看着教室里横七竖八的桌椅，我感觉自己就像这些桌椅一样被人抛弃了，剩下的唯有孤单和冷清。

天渐渐黑了，我没有开灯，仍然一个人坐在黑暗冰冷的教室里。耳边隐约传来一阵细碎的脚步声，我抬起头来，黑暗中一个矮小的身影进入了我的视线——是当地有名的大学问家王老先生，老先生读过很多书，一直从事着教书育人的工作。他经常会给身边的年轻人讲些很有哲理的故事，以激励他们努力向前，因此，王老先生得到了许多人的尊重和敬仰。

今天王老先生来这里，肯定是听说了学校要停办的事情。我急忙拉出一张椅子，请老先生坐下，老先生友善地拍拍我的肩膀，坐到了椅子上。

那晚，老先生和我说了很多话，他说他对我们办国际教育服务社会的想法非常赞赏，但也对办学之前对有些问题没有考虑周全，从而导致如今的结果表示了遗憾并提出了批评。老先生给我讲了很多道理，其中有几句话，至今我仍然印象深刻："别人流血，自己得到教训，这是代价最小的教训；自己流血，自己得到教训，这是代价最大的教训；自己流血，别人得到了教训，这是最可悲的教训。"

我仔细地琢磨着王老先生的一番告诫，也明白了许多道理。人的一生要经历的事情太多了，有成功也有失败。很多时候，失败并不可怕，可怕的是失败了自己还不会从中汲取教训，那才是真正的悲哀。

　　虽然我有坐立不安，也有愁眉不展，但庆幸的是我并没有像那些悲观退缩的人那样，出现问题就只会怨天尤人，甚至是一蹶不振，从此潦倒一生，无所作为。一直以来，我凭借着坚定的信念和在困难面前从不退缩的勇气，一次又一次地找到出路。可以说，没有这种坚定的信念与不退缩的勇气，就没有今天的陈田忠。那么，这一次我也要打起精神，去寻找解决问题的办法，不管前面有多少困难，我都不能放弃。我相信，只要我去努力寻找，就一定能找得到。我还要继续做教育事业，而且要做最好的教育。生活中的许多事情就是这样，有时候放手并不代表失败，放弃才是真正的失败。

　　处理完学校的最后一件事情，我从湖南回到了上海，也进行了更为彻底的反思，英式教育虽然无法在湖南进行下去，但不能就此否认英式教育本身所具有的其他教育不可比拟的优势，而且这一次的失败也不光是考虑不周全的问题，还和湖南的地理位置以及生源情况有着重要的关联，其中最主要的原因就是生源的基础适应不了先进的教育体制。

　　我仔细琢磨着这次事件的前因后果，觉得想要继续办国际教育，总结失败的教训固然是必不可少的，但更重要的还是要首先为先进的英式教育找到适合它生存的土壤。当时湖南的经济水平和生源条件适应不了这种先进的体系，但是上海不同，上海是享誉国际的大都市，经济发达，教育条件在全国都遥遥领先，而且，这里聚集了一大批讲英语的国外人士，在这样的国际化大都市办国际教育是再合适不过了。

　　一直以来，我的人生准则就是不管任何事情，要么坚决不做，要做就一定要做到最好。英式教育的脚步不能停，我要在上海接着办，一定要在上海为英式教育争得一席之地！

欧文诞生

做好相关准备工作之后，我又开始奔波于上海的相关教育部门。

然而，分管教育的领导一口否决了："你现在可'出名'了，早说过了，现在国内不适合办国外教育，你看你在湖南不就失败了吗？怎么你还想到上海来瞎干，这可不行，你还是快回去吧！"

领导的话犹如一盆浇在我头上的冰水，真是"好事不出门，坏事传千里"！可是事已至此，我也只能继续寻找出路，实在不行就像从前那样一家一家地跑，一个一个地说服。

俗话说得好：事实胜于雄辩。我整理了所有关于英式教育的材料，列出了许多证明上海是最佳实践基地的事实，连同对湖南失利的原因分析汇总成了书面材料递交给相关领导，我一遍又一遍地向领导强调："英式教育一定会为国家培育出更多的专业化人才，有了大批的专业化人才，我们才能顺应时代的发展，紧跟全球化的脚步。"

功夫不负有心人，历经数次奔走之后，领导终于同意我在上海办英式教育了。那一刻，我无比激动，这一过程虽然艰苦，我的内心却再次笃信：生活中只有想不到的事情，没有做不到的事情。

也许正应了那个词——好事多磨，事情刚刚出现了转机，紧接着又一件麻烦事来了。

拿着审批材料的工作人员面色沉重地对我说："陈总，教育部的领导又不同意签字了。怎么办呀？"

"都走到这一步了，领导怎么又不同意了？是我们的材料有问题吗？"我急切地问道。

"不是！"工作人员严肃地回答，"领导说，学校的名字不能通过，EEC上海欧文经济学院，'欧文'明显就是外国人名，这是不允许的！"

取这个校名是我的主意，因为我想让学校更加国际化，并让更多的人记住这个学校，欧文·费雪是世界著名的经济学家。在国外，欧文被人所熟知，这个名字几乎等同于经济了。所以这个校名不能改！我再一次与领导展开了有关校名的"辩论"。"辩论"的结果是，我的执着与坚定又一次说服了领导。

终于，凝结了我无数心血和希望的EEC上海欧文经济学院正式成立了。

学院的办学宗旨——学习在欧文，成才在英国，创业在中国。

□ 只有想不到，没有做不到，欧文经济学院终于成立了

我们聘请了国外最优秀的外籍教师为学生们授课，要求所有学生都必须掌握两门以上的外语。课程目标设计也是立体式的，专业与副科兼容，

理科与艺术设计和文科兼容，自然科与社会科兼容，不仅如此，我们还很好地将国内的爱国主义教育融入了教学。

EEC 欧文另一个突出的特点就是，学生可以在国内（北京或上海）读预科，一年级可以到英国伦敦继续学习，二年级可以选择到美国纽约读书，三年级的时候还可以到意大利的米兰或罗马去深造，四年级可再选择去其他国家学习。这就是我们为学生提供的资源共享和叠加学习的模式。

这一模式极大地拓展了学生的国际视野，使学生拥有更多的人脉资源，相互交流与碰撞所产生的智慧火花也更加拓宽了学生们的眼界和思想。与此同时，我们与国外名校的合作也上升到了一个更高的层次。在上一次失败经验的基础上，我也总结出了一些新的方法，如果仅仅是学校与学校合作，开展形式也仅仅是教育项目合作而已，这对于英式教育在中国的深化以及人才培育方面都带来了很大的局限，况且培育出的人才能否得到最大程度的认可也有待验证。

而英国 QAA 质量体系再次触发了我的灵感。世界著名学校排行榜上，众多英国学校之所以能够跻身其中，与这个国家完善的教育质量体系是分不开的。尤其是 1997 年 QAA 质量体系的颁布，使英式教育体系成为全世界最为完善的教育质量体系之一，被众多国家大力推崇和引用。学校要想有更大的发展，就必须形成独特的教育优势，只有这样，EEC 欧文才会培育出更多的国际化人才。

自开办学校以来，学院就严格按照英国 QAA 质量体系的所有要求办学。我们联合了英国伯明翰城市大学、英国格林威治大学、英国伍斯特大学、英国威尔士大学、英国北安普顿大学及马耳他大学林克学院等众多欧洲名牌大学和国内的北京语言大学、上海外国语大学、上海交通大学等高校，共享师资团队、硬件资源及学术资源，共同为学生提供最优化的学习条件。

EEC 欧文经济学院可以与众多合作的国外名校实现学分互认、学历互认，我们的学位证书在英联邦 108 个国家和相关地区均获得认可。

强大的教育团队、先进的教育模式和严格的质量体系吸引了大批学生前来 EEC 欧文求学，其中包括外国学生、华侨的第二代和第三代以及大批国内为梦想而战的年轻人。

面对着五湖四海的莘莘学子，看着学生们孜孜以求的学习场景，我觉得自己办国际化学校的梦想是真的实现了，之前所有的辛劳都已随风而逝，只有数不尽的欣喜与甘甜在我心中久久地荡漾。

我相信一个多元的文化环境，可以让人更快地成长、进步，不断地超越自己。在办学过程中，我非常重视多元化教育的优越性，并把它大力推广到教学之中，以确保所有 EEC 欧文经济学院的学生除了已有的课程之外，还能学习到其他国家的文化和历史。

不管工作有多忙，我都会定期到每一个系了解学生的学习情况。每到一个班级，我都会检查学生们的学习情况，鼓励他们认真学习，争取早日成为对社会有用的人才。

这些年来，EEC 欧文培养出了许许多多优秀的学子，其中有两个学生给我留下了非常深刻的印象。

一个是在我办学第二年来报到的学生陈看，他是学校早期培养出的人才代表。陈看是一个很有天赋的学生，在 EEC 欧文他读的是计算机专业。大学三年级时，他就自己开办网站，给诸多知名公司和企业提供优秀的网络设计。毕业后他又自己创业，办了一家优秀的网络公司。21 世纪初，计算机在国内还不像现在这么普及和发达，年轻的陈看就是用他在欧文所学的知识和国际化的思维，开创了自己的事业，成为学生们心中的榜样。作为校长，我为他所取得的成绩感到骄傲和自豪。

2008 年，EEC 欧文学院艺术设计专业迎来了一个新生王尧。说起这个学生，还有这样一段让我难以忘怀的小插曲。

学校有一个传统，就是每年都会为学生举办优秀艺术作品展。每当举办艺术展时，许多校外人士都会前来参观。这年暑假过后，开学不久，学校举办了一场比前几次规格都要高的艺术作品展，王尧的父母也带他来到了现场。

据在场的老师描述，当时的情景是这样的：王尧的父亲问王尧："你也是学设计的，这样的作品你能做出来吗？"王尧耷拉着脑袋，小声回答："我不会。""那你就不要上那个学校了，这个学校预科的学生都能做出这样的作品，明天你就转到这里来好了。"王尧的父亲这样说道。

就这样，父亲带着王尧来到招生办公室，知道这位家长参观完艺术展，就要将自己的孩子转到欧文学校，我感到非常惊讶，同时也因为学校能得到家长的认可而感到十分欣慰。

王尧通过入学考试之后，面试时专业导师结合他的喜好、特长，建议他选择工业产品设计专业。

通过半年多的刻苦钻研，王尧自己开发了一款最小的笔记本电脑——像化妆盒一样大，这是一次巨大的创新。后来，他的这项技术被苏格兰一家知名的 IT 公司购买，王尧也因此名扬国外。

在学校的庆功酒会上，我为他颁发了一万元的奖学金，奖励他从一个普通的学生通过不断努力最终取得了非凡的成就。

办学的这些年来，像陈看和王尧这样的学生层出不穷，这让我感到非常欣慰，觉得这些年的努力总算没有白费。

"桃李满天下"是我最大的梦想，投身教育事业这些年来，截至 2009 年，EEC 欧文共培养出 6000 多名硕士、博士。就历届毕业生的就业情况统计，

60％的学生进入世界 500 强企业，15％的学生进入英国排名前十的大学攻读博士学位，5％的学生进入政界从政，20％的学生自主创业。

除此之外，EEC 欧文教育资源的稀缺性，还引起了许多国际投资银行，如 J. P. 摩根等的强烈兴趣。而且，我们还与英国工商协会 ABE（Association of Business Executives）取得了深度合作，ABE 给了我们在中国北京、上海两地的授权资格。

□ 为学生颁发证书，我期望每一个从 EEC 走出的学子都能有一个光明的未来

经过多年的努力，EEC 欧文经济学院成功获得了英国 QAA 质量认证体系，学校的发展也因此更上一层楼。

2007 年 EEC 欧文经济学院以"学习在欧文，成长在英国，创业在中国"的独特办学模式，被意大利时尚杂志评为"教育界的法拉利"，成为了一颗闪耀全球的明星。

2008 年 11 月 4 日，以"梦想智造中国——原创设计的崛起之路"为主题的 EEC 首届上海国际创意设计高峰论坛在上海花园饭店隆重举行。此次论坛邀请了英国格林威治大学创意传播学院院长爱芙·艾蒂尔女士，她为我们全面介绍了英国创意设计产业发展的现状和经验，和与会来宾共同探讨了中国创意设计产业发展的道路，并针对创意设计产业和英国经济、社会的互动关系发表了精彩的演讲。

在这次论坛上，来自全球创意产业的资深人士纷纷提出了自己的创意设计理念：中国青岛的游艇设计师杨磊向大家介绍了国际游艇设计的最新动向；德国当代珠宝设计师、艺术家岳莉莎介绍了珠宝及时尚设计的最新信息；通用的首席设计师殷福瑞介绍了当代国际汽车设计的最新动向，并就汽车及能源消费问题与论坛上的其他专家展开了讨论。

创意设计论坛举办得非常成功，在社会上也引起了巨大反响，还获得了商务部颁发的优秀组织奖。尽管已经不是第一次品尝成功的滋味，但能得到社会的认同，我还是倍感欣慰。

创办学校的同时，我也一直做着教育基金方面的工作。学校内设立了四项奖学金，其中一项就是以我的名字命名的陈田忠奖学金，用以奖励那些学习成绩突出、各方面表现都十分优异的学生。设奖至今，已有 2000 多名学生获得过此项励。同时，EEC 欧文每年还会特意从西藏、新疆招收一批学生，学校为他们提供学习所需的全部费用，对他们只有一个要求，就是学成以后一定要回到西部，因为西部需要他们。这是一件让我感到十分自豪的事情，因为我在为国家培养国际化人才的同时，还为西部建设贡献出了自己的一份力量。

一路走来，经历了许多挫折，也战胜了诸多困难，EEC 欧文今天的局面来之不易。我明白，我之所以能拥有这样的成绩，不是只有我一个人在努力。为了我心中的梦想，也为了成千上万与我一样醉心于教育事业的同人，更为了无数充满希望的年轻脸庞，我一定会继续努力。

第九章

情牵祖国的赤子之心

真正的梦想，应该是能容得下天下人的，你对整个世界敞开胸怀，世界也会把你纳入她的怀抱这才是真正有价值的梦想，这才是梦想的真正意义，而这样的梦想也注定会实现！

为申办"世博"出力

汽车行驶在宽广的马路上，音响里播放的是我最爱听的歌曲《我的中国心》，这首歌唱出了所有海外游子的心声："洋装虽然穿在身，我心依然是中国心，我的祖先早已把我的一切烙上中国印……"的确，不管我走到哪里，身份如何变化，我的根永远都在中国。

眼前流动的景象，让我目不暇接。夜色中的上海是那样绚丽多彩，华灯璀璨，车如流水，雄伟的杨浦大桥横跨在黄浦江上，东方明珠塔高高耸立，金茂大厦直插云霄……这几年，上海的发展堪称神速，我不禁感慨万千，并因中国的快速发展而备受鼓舞。同时我也感觉到，在许多外国人眼中，中国仍然是贫穷落后的。我一直在寻找机会，想为祖国做点儿事情，为中国的发展尽一份自己的力量，让更多的外国人了解中国，了解这个古老而伟大的民族。

1999 年 12 月，在国际展览局第 126 次全体大会上，中国政府正式宣布上海将申办 2010 年世界博览会。2000 年 3 月 17 日，上海世博会申办委员会正式成立，时任国务委员的吴仪担任主任委员。为了申办"世博"，上海市成立了申办"世博"小组，专门为中国能够成功"申世"出谋划策。

那段日子，我每天都在关注上海"申世"的相关报道，一心想出一份力。机会终于到来了，这天，上海市委统战部的黄部长把我约到了他的办公室，和黄部长打了多年的交道，我们之间已经非常熟悉。也许是太了解我的个性了，简单地寒暄过后，黄部长便开门见山地说："田忠啊，你也知道，我们上海这次要申办 2010 年世博会，这可是国家的一件大事，党和政府非常重视。而我们的竞争对手韩国、日本、俄罗斯都实力不俗，因此，我们必须要提早做好充分的准备。现在，国家交给我们一项重要工作，这项工作关乎我们"申世"的成败，就是组织一支队伍，去说服欧洲主要国家，为上海申办世博投票。你早年在意大利生活过，这些年，你做生意、办教育，和欧洲许多商界政要都有合作关系，所以，我们希望你也能加入这支队伍，为国家、为上海作点儿贡献，你看怎么样？"

"这是我的荣幸啊，黄部长，我们什么时候动身出发？还需要我做什么？"

"哈哈，田忠啊，你可真是一个急性子啊！你回去好好准备一下，三天后我们就动身。明天上午 9 点，你还要过来一趟，我们这个小组的成员要开一次碰头会，商讨一下具体方案。"

回到家中，我立即着手准备出国事宜。这几年，我一直担任意大利华人华侨教育基金总会会长，和欧洲许多国家都有合作，尤其是与国外名校合作时结交的各大名校校长，他们在自己的国家都极具影响力，甚至连国家元首都对他们十分尊重，通过这些关系，我想一定可以为接下来的工作提供很大的帮助。于是，我给他们一一发了邮件，送上我的问候并告知他们我将在近期前去拜访。

三天后，在黄部长的带领下，我们一行十五人开始了出访欧洲六国的"征途"。我们带了许多颇具中国特色尤其是上海特色的礼品，如丝绸、瓷器、茶叶、刺绣、国画，以及上海玉器、面塑、绢花等，我们准备把这些东西作为国礼赠送给欧洲各国的朋友们，希望他们通过这些礼物能够更深入地了解上海、了解中国、了解中华民族的文化和历史，进而支持中国申办"世博"。

由于准备充分，我们的欧洲之行进行得非常顺利，尤其是在意大利，因为有了那些政界要员、商界、教育界名流的大力支持，我们几乎是"一举拿下"。而我们带去的具有中国特色的礼品更是颇受当地人民的欢迎和喜爱，虽说那不是什么价值连城的礼物，但饱含着我们最真诚的心意。

不知不觉中，欧洲之行已经来到了最后两站：伦敦和冰岛。在驻英大使马振刚的陪同下，我们照例将带去的礼品分送给当地的人们。鲜明的民族特色加上玲珑的工艺，引发了人们极大的热情，看着当地人们拿着礼品充满惊喜和陶醉其中的样子，我们也感到非常欣慰。

奔波了一整天，我疲惫地回到酒店，谁知刚准备休息，门口突然传来一阵急促的门铃声。来人是黄部长身边的康秘书，他神情严肃地对我说："陈先生，黄部长要你赶紧到他房间去！"看到脸色不佳的康秘书，我的心里也"咯噔"一下，急忙随着康秘书来到黄部长的房间。

一进房间，就看见马大使和黄部长面色凝重地坐在沙发上，房间里的其他人都是沉默不语，满脸严肃。

"马大使，黄部长，发生了什么事？"意识到可能出了什么大事，我也有点儿慌了。

"田忠，明天就要去冰岛了，可是我们的国礼发送完了，现在即使是从国内运礼品也来不及了。冰岛是我们这次欧洲之行的最后一站，如果这个结尾没有收好，之前的努力也就没有意义了！"黄部长深深地叹了口气，说道。

负责派送国礼的宋主任面带愧色地解释道："伦敦这边派送国礼的对象增加了，所以我们带来的礼品不够了，出现这个情况，都是我的失职，是我考虑得不够周全……"

"现在不需要讨论是谁的责任，而是要想办法解决问题。"黄部长打断了宋主任的解释，"没有国礼的问题怎么解决，咱们得尽快拿出一个有效的解决方案，时间不多了。"

我低头思考着，突然想起白天碰到的一位英国华侨，他和我是同乡，也许是因为他乡遇故知的缘故，再加上有过相似的生活经历，我们聊得很投缘，他还邀请我中秋节的时候一起去他家喝一杯。当我告诉他，我明天就要去冰岛时，他还显得有些失望。

猛然间，一个念头在我的脑海里闪过，我不禁叫了出来："对啊！中秋节，月饼！"

"月饼？"一屋子的人都满脸疑惑地看着我。

"黄部长，马大使，"我无法掩饰内心的激动，"我想到了一个好办法，过几天就是中秋节了，我们可以送月饼给冰岛的国民，中秋节也是我们中国的一大特色啊！"

听完我的话，室内的压抑气氛一扫而光，大家纷纷议论起来："月饼好啊！作为国礼送给当地的人们，再合适不过了！""中国的传统节日，古老的中华美食，可以让冰岛人民更直接地感受中国味道，这个办法真是太棒了！"

"但是，这么多的月饼到哪去做呢？"

"从国内运肯定来不及了！"

所有的人似乎都看到了希望，但想不到从哪里找来月饼时，大家又都陷入了沉默，刚刚消散的愁云又一次浮现在众人脸上。

"可以在伦敦的唐人街连夜赶做，然后空运过去，费用由我来承担，这样问题不就解决了吗！"我略一思考，便斩钉截铁地说。

听完我的话，黄部长的眼睛里满是欢喜，他站起身来，一把握住我的手，激动地说道："田忠，你可帮了我们大忙啦，谢谢你啊！"

从黄部长那里出来，我急忙驱车赶往唐人街，一连找了十几家中餐馆，请他们同时连夜赶工，终于在天亮之前把所有的月饼都做好了。

第二天我们如期赶往冰岛，当我们把富有中国特色的月饼赠送给冰岛国民时，他们非常开心，无不竖起大拇指大加赞赏。通过绵甜可口的月饼，他们知道了中国的中秋节，知道了嫦娥奔月的古老传说，也更进一步地了解了中国——一个古老文明的国度，一条正在崛起的、现代的、日益繁荣的东方巨龙！我们的努力也为上海申世争得了宝贵的一分。看着黄部长脸上轻松的笑容，我也松了一口气——总算是顺利完成任务了！

2002年12月3日，经国际展览局大会投票表决：中国上海获得2010年世博会举办权！

听到这个消息时，我热泪盈眶，这是中国的荣誉，作为国家的一员，我也感到无限光荣，想想自己能为这次伟大的盛会出一份力，我更觉得无比自豪。

一份进入中南海的提案

　　回国创业多年，为了感谢国家和上海的有关部门对我们华人华侨创业的支持与鼓励，我一直尽自己最大的努力，积极地参与到上海的各项建设中去。但我总是期望能有一个更广阔、更直接的平台，让我能为祖国的建设发展贡献更多的力量。在一个春光明媚的日子，这个梦想终于实现了——我被推荐进入了上海浦东政协，成为了一名光荣的政协委员，开始了参政议政的征程。

□ 2008 年参加中国人民政治协商会议上海市第十一届委员会第一次会议，
神圣的使命赋予我更多的责任

在接下来的日子里，我陆续提出了《发展创意教育，提升城市功能》《政府部门应逐年加大对社区医院的资金投入》《大力发展"创意产业"，开创独树一帜的浦东文化》《对鼓励非公经济进入浦东新区县服务业的建议》《改善教育结构，浦东发展需要高等教育》《关于发展现代农业，推进都市型农业国际化、现代化、市场化、产业化方面的建设》《关于加快发展现代服务业，完善经济运行环境方面的建议》《积极拓展海外高等教育市场》《加强浦东的国际化教育与长江经济带人才培养的互动，拟设立上海 ESE 大学的提案》等提案，并得到了上海市委市政府的充分肯定。

能够写出这些提案，与我多年来一直接触国外先进的理念是分不开的，再加上这十几年来，我一直专注做国际教育，也为这些提案的成熟奠定了比较深厚的基础。

2008 年，我当选为全国政协第十一届海外列席代表，这对我来说，又是一个莫大的荣耀，我知道自己肩上将寄托更多人的希望、更多人的信任，而这一切对我来说都是极大的鼓舞。在那一届政协会议上，我一共提交了25 份提案，其中的每一字、每一句都是我经过细致的调研、探访，深入思考，融入心血写就的，因为我知道我写提案不是为了自己，而是为了更多的人，为了我们的祖国。对社会、对老百姓负责任，是我写提案时始终坚持的原则。

□ 2008 年 3 月两会期间，在北京与政协海外列席代表团合影

自从事海外贸易的那天起，我就在思考这样一个问题，我们中国不缺乏资源、不缺乏技术，也不缺乏人才，但是为什么总是在替别人做嫁衣？什么时候，我们才能真正实现从"中国制造"到"中国创造"的跨越呢？

为此，我对当前国内原创设计产业进行了一番深入细致的考察，在这一过程中我发现，改革开放以来，我国虽然在经济发展上取得了很大的成就，但"制造型"的发展模式（即模仿制造、低价格、同质化、技术含量不高、无品牌的劳动密集型产品），依然是中国成为创新型国家的主要障碍。中国生产出世界上最多的家电、纺织等日用消费品，但大多数商品最后都贴上了国外的标签。由于缺乏产品原创设计理念，中国企业的产品都没有真正形成产业规模，相关产业结构也不合理。其产业形态多样，小型化而分散。

因此，想要变成"中国创造"，就亟须摆脱目前几乎所有现代工业技术的设计传播推广，都要通过进口仿制乃至大批复制才能实现的窘境。

我不断地从各方搜集资料，经过仔细地调查和钻研，完成了一份有关发展原创设计产业的提案，得到了政协领导的重视和赞扬。

2009 年 4 月，政协的郑副主席在接见我时，笑着说："陈田忠，你是海外列席代表中写提案最多的一个，也是涵盖面最广的一个。你对国家建设的这份热情非常值得鼓励，要继续努力啊！你有一份提案写得很好，就是有关原创设计的。看得出来，你对目前中国的原创设计现状认识得很深刻。不过，我觉得如果将其他国家，比如美国、英国、日本、韩国等国家这方面的现状也写进去，就更完整了。将来，这份提案一旦被通过，一定会对我们国家这方面的发展发挥重大的启示作用。"

郑副主席的建议对我启发很大，我不断地充实和完善有关其他国家原创设计产业的现状，最终完成了《发展原创设计产业，建立创新型国家》的提案。在提案中，我主要阐述了原创设计产业对于转变经济发展模式、调整产业结构所具有的重要意义。在国外，原创设计产业甚至被提升到国家战略层面，成为推动经济快速发展的重要引擎之一。中国要实施从"制造大国"向"创造大国"的战略转移，不仅要依靠高科技产业，同时也要依靠原创设计产业的进步……

这份提案被送至中南海，并上报到中共中央政治局。我后来才知道，这份提案是新中国成立以来，海外列席代表个人提案进入中共中央政治局唯一的一份。

能够得到国家领导人的认可，我真的很高兴。想到将来有一天，我的提案可以让国家、让更多的人获利，我就会兴奋不已。通过这件事情我也明白了一个道理，**爱有多大，舞台就有多大！** 一个人没有作为，并不是因为能力太小，而是心中想的人太少。如果一个人只想着自己，那根本就不是梦想。真正的梦想，应该是能容得下天下人的，如果你对整个世界敞开胸怀，世界也会把你纳入她的怀抱，这才是真正有价值的梦想，这才是梦想的真正意义，而这样的梦想也注定会实现！

跨国夏令营传承中华文化

一个炎热的夏天，我正在处理学校的文件，手机忽然响了，是在意大利做生意多年的好友蒋大哥打来的，他说他要回国出差，想借此机会找我聚聚。

是啊，这些年来，由于我们都忙于各自的事业，已经很久没有好好聚在一起了，我在心底期待着他的到来。

终于见面了，蒋大哥西装笔挺，显得格外精神。

"好久不见啊，蒋大哥！"我赶忙迎上前去，给了他一个热情的拥抱。"是啊！今天可得好好喝上一杯啊！"说完，他便拉着我坐了下来。

我们尽情地聊着这两年各自的生活、工作、事业，也不知过了多久，蒋大哥眼神一黯，略带忧伤地说："田忠啊，我家那孩子可是让我操碎了心！你说可怎么办啊！"我赶忙安慰他道："孩子嘛！都是要慢慢教的。"

"你是不知道啊！我家西西非常不乐意我叫她的中文名字，非要我叫她的意大利名字。甚至有一天，她竟然对我说，她的老师告诉她，中国是一个又穷又愚昧的地方，我当时真是气愤到了极点。你也知道，我是打拼多年后才在意大利成家立业的，孩子从出生到现在都在国外，接受的是西式的文化与教育，我整天忙着生意上的事，也没有时间带她回国看看，我真的很担心孩子将来会忘记她是一个中国人。"

听到这些，我的心也被深深地刺痛了。这些年来，在国外，经常会有一些华侨朋友邀请我到他们家里去做客或参加聚会。所以我也经常接触到他们的孩子，所谓的"香蕉人"——海外华人移民的第二代、第三代。他们的外表虽然是黄皮肤、黑眼睛，但是骨子里近乎完全被西化了——接受西方教育，拥有外国国籍，对自己祖国的了解不仅少之又少，甚至还存在着误解。

作为社会的一分子，身为一个企业家和朋友们口中所谓的"教育家"，我觉得自己应该担负起更多的责任，我非常迫切地希望能为这些华侨的第二代、第三代做些什么。

经过一番思考，我觉得，要想让这些孩子不忘记自己的祖国，就应该为他们提供回国学习的机会，让他们能够近距离地接触自己的祖国，了解自己的根。

正好暑假将至，我决定借着这个暑假，依托 EEC 欧文学院的力量组织一批海外学生回国参观，为他们搭建一个良好的学习平台，让他们通过和国内学生的互动和交流，更好、更直接地了解自己的祖国。

我邀请了中国华文教育基金会和上海市海外交流协会一同来举办一次跨国夏令营，并与国外华侨以及有关部门取得了联系，拿到了相关部门的批文。

2008 年 7 月 12 日，"相约上海——海派文化行欧文夏令营"开营仪式在上海市延安中学隆重举行。来自意大利、英国、法国的华裔青年欢聚一堂，16 岁的西西也是其中的一员，他们一行人将在上海开始为期九天的海派文化行。

□ 2008 年 7 月 12 日"相约上海——海派文化行欧文夏令营"
开营仪式在上海延安中学隆重举行

　　我们为这些华裔青年们安排了许多丰富多彩、富有中国特色的活动，同时还邀请了一些上海青少年与他们进行零距离接触。一来，同龄人之间沟通起来比较容易，能让这些华裔青年更快地适应并融入环境；二来，通过和同龄人接触，帮助他们体会不同国度的教育文化体制，更直观地体验祖国同龄人的成长和学习环境，这对于他们更好地认识和了解自己的祖国具有非常重要的意义。

　　为了能让孩子们更真切地感知到上海和整个中国的发展速度，我们安排他们参观游览了老上海的地标性建筑、东方明珠塔、世博规划馆以及创意园区等。为了能让他们更好地领略中华文化的博大精深，我们特别安排他们亲身体验了京剧、武术、太极、地方戏曲等国粹艺术。看着孩子们陶醉其中的眼神，看着他们年轻的脸上荡漾着的纯真而充满阳光的笑容，我感到十分欣慰。

美好的时光总是非常短暂，不知不觉，海派文化行夏令营就要结束了。这些华裔青少年们对上海的恋恋不舍之情，让我深深感动，他们眼睛里折射出的，仿佛是与亲人惜别时的留恋和不舍，这也让我深深体会到血脉相连的力量。

临行之前，西西找到了我，她用还不太熟练的中文激动地对我说："陈叔叔，非常感谢您！这次夏令营真是太棒了，我学到了很多东西，回去之后我要把这些天拍的照片给我意大利的老师和同学们看，我要告诉他们中国的上海是多么美丽！"

我相信西西的话绝对是她发自内心的最真实的感受，也是参加这次夏令营活动的所有华裔青年的收获，我高兴地摸着她的头说："西西，你能这么想，叔叔真的非常开心，以后你什么时候想回来了就给叔叔打电话，叔叔随时都欢迎你回来！祖国也随时都欢迎你回来！"

"真的吗？"西西的大眼睛里闪现着难以掩饰的兴奋，高兴得直冲我点头。是的，我十分确信，她真的爱上了中国，爱上了她的根。海外华文教育一直以来都是一项非常重要的工作，它为凝聚侨心、传承中华文化、提升我国文化软实力、促进中外文化交流作出了难以估量的贡献。此次海派文化行活动也成了海外华文教育的一种新形式，它的成功举办不仅影响了许多华裔青年，也获得了众多海外华侨以及国家相关部门的充分肯定，同时更加坚定了我关注华文教育、向海外华裔青少年弘扬华夏文化的决心和行动。我将继续全力以赴，做这项事业最忠实的推动者和传播者。

在成功举办了这次活动之后，我把目光放到了北京——我们伟大祖国的首都，一个古老与现代和谐共融的城市。

历经数个月的准备和努力，一次历时更长、规模更大、主题更多元的海外华文教育活动在北京隆重上演了。

2009 年 4 月 6 日，"菲华学生北京"主题夏令营在北京华文学院隆重举行。在台上致辞时，我看着台下青春激扬的年轻人，心中感到无比欣慰。我告诉他们，这次活动的意义非常深远，希望通过这次"中华文化夏令营"活动，他们能更多地了解祖国的语言、文化和历史传统，能够记住自己的根在这里，也希望他们把这一次祖国之行的所见、所闻、所感带回去，告诉自己的亲人、朋友、学弟学妹们。同样，我们祖国的强大与繁荣，也需要他们这些海外青年才俊的智慧与力量。

台下响起了阵阵掌声，我的眼睛也湿润了，我非常感动，觉得自己为这一切付出的所有辛劳都是值得的，因为我是在做一件极具意义和价值的事情——让漂洋过海的孩子们了解自己的家，找到自己的根。

在历时 45 天的夏令营活动中，来自菲律宾 12 所中文学校的华裔青年在北京学习了汉语、绘画、书法、传统手工制作、语言实践等课程。为了让这些华裔青少年能够感受到中华文化的独特魅力，我们还为他们准备了丰富多彩的参观游览活动：游故宫，爬香山，登长城，游览十三陵、颐和园、天坛，参观北京大学、清华大学等著名的高等学府。

在我看来，这样的夏令营能够帮助这些孩子真切感悟博大精深的中华历史文化，实地感知祖国经济和社会发展取得的巨大成就，同时也推动了华裔青少年在海外弘扬中华文化的潮流，使他们成为中外交流的友好使者。

夏令营结束时，14 岁的小姑娘黄航用一口流利的汉语说出了自己的心愿："我想考北京电影学院！"

另一个高个子的小伙子也激动地说："我想学好中文，以后回祖国读书。"

还有一个学生用刚学会的毛笔字写下了"我爱中国"四个大字，尽管那并不能算是真正的书法，但是他对祖国的那股热烈而真挚的爱，仍让我感动不已。

离开北京前，这些华裔青少年纷纷表示，回到菲律宾后，一定会把自己在北京所学到的东西全部与他们国外的朋友们分享，并告诉他们，自己的祖国是多么历史悠久而又美丽时尚。看着这些快乐而充满活力的学生，我感到无比幸福。

我常常思考一个问题，幸福是什么？幸福其实很简单，当你全身心地为一件事去努力付出时，无论它给你带来的是苦还是乐，在整个过程中，你都是幸福的。幸福的意义在哪里？我对幸福的理解就是，为别人设想，为更多的人谋福。我想，只要是用爱心和诚意为他人服务的人就都是幸福的，这也是我的幸福观。

"一切为了爱"是我多年来经验和体会的结晶，我带着爱与感恩的心经营着我的事业，发展着我的教育，这就是我的幸福，我会让这幸福永远传承下去！

第十章

在罗马上演"中华盛世"

一个人想要成功，最大的挑战并不是行程中的艰难，而是达成目标最后三分钟的坚持。

高尔夫球场上的密谈

2009 年 5 月，因为关于原创设计产业基地筹划的工作，我再次回到意大利。从 22 岁背井离乡独自闯荡意大利到今天，一晃将近 30 年过去了，我也从当年的毛头小伙子步入了天命之年。

在罗马逗留期间，我去拜访了中国驻意大利大使孙玉玺先生。谈完相关事务，孙大使邀请我一起去撒丁岛打高尔夫，我欣然同意了。

这些年来，不管是做贸易，还是做教育，许多事务都得益于大使馆的支持和帮助，因而我与孙大使有了频繁的接触。工作之外，我们也结下了深厚的友谊。

电瓶车在平整的道路上匀速前行，感受着独特的地中海气候，享受着温婉湿润的清风吹拂在脸上所带来的舒服与惬意，我整个人都神清气爽起来。微风拂过翠色欲滴的静谧的球场更是增添了一层柔美的色彩。

□ 这一刻，成了具有历史意义的见证，
在撒丁岛与孙玉玺大使（左）及夫人（中）打高尔夫球

孙大使看上去心情很好，站在碧绿的草地上，他拍了拍我的肩膀，说道："田忠，今年得辛苦你了。胡锦涛主席来意大利出席 G8 峰会的时候，你得过来帮忙安排接待的事情。"

"这是应该的，能为胡主席来访做一些事情，是我的荣幸。"我郑重地说道。

孙大使微笑着看了看我，然后低头对了对球，用力地一挥杆，球在空中划出一道美丽的弧线。

"离峰会的日子不远了，胡主席来意大利，我们有什么好的欢迎活动吗？"我低声问。

"我们这边还没确定，你有什么好的想法？"孙大使抬头看了看我。

"暂时还没有，不过，今年是新中国成立 60 周年，我们意大利华人华侨都觉得一定得好好庆祝庆祝。"我答道。

孙大使兴奋地说："好啊，那你看怎么做比较好，既要我们满意，也要让意大利这边认可，毕竟我们是在意大利举办欢迎活动。"

我早已没有心思打球了，满脑子都是组织欢迎活动的事情。如果办好了这次欢迎活动，那将会令整个意大利华人华侨引以为傲，所以，这次活动我一定要仔细思量一番！

中国是有着 5000 年文明史的古老国度，其文化艺术极其深厚的底蕴为世界各地的人们所称赞；而意大利同样是历史悠久的文明古国，是西方文化的代表和先锋。我为何不从文化艺术领域出发来策划此次活动，让中西方文明在这里得到一次完美的展示与交流呢？

而且，2009 年既是新中国成立 60 周年，也是中意建交 39 周年，而我创建的科恩集团也 20 年了，欧文学校也 10 年了，这一连串的数字给了我很大的灵感，我要把最小的东西装到最大的"容器"里，融入新中国成立 60 周年这个大概念。我想，如果我能在罗马举办一场以中国文化为主题的画展，绝对可以成为献给祖国华诞、献给中意建交、献给胡主席访意，也献给我自己、献给科恩、献给欧文的最好礼物！

"我有个主意，不知道您是否赞同？"我颇显神秘地对孙大使说。

"说来听听。"孙大使拄着球杆，双眼含笑地看着我。

"今年是新中国成立 60 周年，也是中意建交 39 周年，要不我们办个画展吧！办一个最具中国艺术特色的画展，将中国画的艺术弘扬出去，您看怎么样啊？"

孙大使眼睛一亮，问道："办画展，这个想法是不错，你准备怎么办？"

我想了想说："G8峰会期间胡主席来到意大利，同时其他国家的元首也会来到这儿，届时全世界的媒体都会聚焦于此，在这个时候办画展，既能弘扬中国的传统文化，又能实现东西方文化的交流，可谓一举两得。"

"G8峰会期间，恐怕不行吧？"孙大使略带疑惑地说道，"那个时候所有地方都要戒严，意大利方面是不会同意有风险的事情在这个时候发生的。"

"峰会期间采取戒严措施是肯定的，但我们是办画展，为的是促进文化艺术交流，增进中意两国人民的友谊，在罗马举办也能给意大利带来深远的影响，何乐而不为呢？"我紧追不舍地说道。

"以往的画展都是在博物馆举办的，那样的话，国家领导人的安全问题谁来保证？意大利政府是不会同意冒险的。"孙大使再次提出疑问。我想了一下，说道："要是我们在访问代表下榻的酒店里举办呢？这样一来，安全问题不就解决了吗。"孙大使笑笑说："这个想法是不错，但具体实施起来还是会有许多问题的……"

"筹办画展所需的资金都由我来负责，画家也由我来请，您只要帮我解决审批批文和外交照会的事务就可以了，其他细节我负责全权处理，您看怎么样？"

"在G8峰会期间办画展是一件很大的事情，不仅关系你我等人，更是国家的大事。你回去先做好充分调研，然后写一份完整的书面报告给我，我们再来商议具体办画展的事宜。"孙大使严肃地说。但是从他的语气中我能感觉到，他和我一样期待着这次画展能够顺利举办！

我郑重地点了点头。就这样，在这个高尔夫球场上，一个国际性的中国画展开始酝酿了。

紧张有序的筹备

三天后，我将办画展的书面报告递交到孙大使手上，他一边翻阅一边称赞道："做得不错，很不错！田忠，你为这次画展取名是——中华盛世？"

"是的，中华盛世。"我答道，"之前我们也想了很多个名字，像'魅力中国''梦想中国'等，都觉得不是很满意，最后选择了'中华盛世'，这个名字大气又有魄力，您看怎么样？"

孙大使点点头说："中华盛世这个名字不错，中华民族是一家，不管是海外华侨，还是台湾同胞，都是一家人，这个名字做到了真正的国际化，不错！"

得到了孙大使的认同，对我来说是莫大的鼓励。我知道，这一次我要"大显身手"了——在这千载难逢的大好时机里，我将在罗马这座文化名城上演一场轰动世界的中华画展。

孙大使将办画展的详细计划报告到上级部门，得到了领导的同意和批示。通过外交部的照会，并报请中央政府，批文终于下来了。上级领导格外关照，要我们一定做到万无一失，确保安全并注意影响。2009 年 6 月 6 日，孙大使将批文交到了我的手上，并转达了领导的意见。

2009 年 7 月 3 日，就是画展开幕的日子，仔细一算我仅有不到一个月的准备时间。

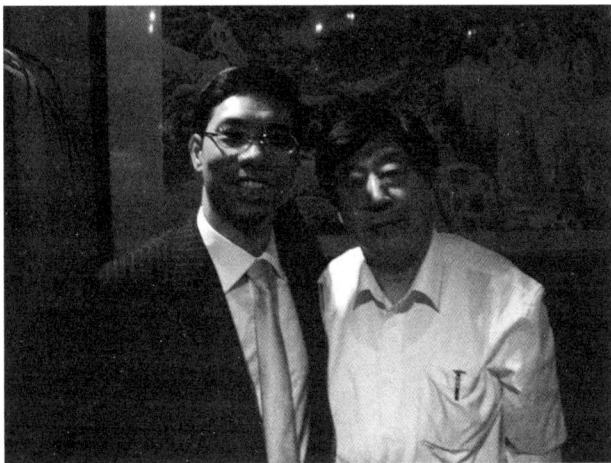

□ 刘大为主席为画展作出了很多的努力

不到一个月的时间、一个国际性的画展、展现民族风情、呈现中华文化、确保安全、万无一失……这些字眼儿一遍又一遍地在我的脑海里浮现，我深知这件事情关系重大，如果办不好，后果不堪设想。顶着这样的重压，我决定，不管付出多少艰辛，无论付出多大代价，我都要把它办好！在下这个决定的同时，一股巨大的压力也向我袭来……

首先要解决的就是作品问题，于是我立即启程回国。

依附新中国成立60周年这个大主题、大背景，我们当时就确定了"中华盛世"画展要展示60幅中国画。一下飞机，我就直接赶往中国美术家协会，找到了刘大为主席。

见到刘主席，我开门见山地说："刘主席，胡锦涛主席参加G8峰会期间，我要在意大利的罗马举办一个庆祝中华人民共和国成立60周年暨中意建交39周年的国际主题画展，您能帮我挑选一些好的参展作品吗？"

刘主席听完之后先是愣了一下，然后是满脸的怀疑，他看着我说："好的作品倒可以帮你推荐，但是要将这些精品国画运送到意大利参展是要有政府批文的。"

我笑了笑说："刘主席，这个您放心，批文我已经拿下来了。"

说完，我将批文递给他。看完后，他笑着对我说："原来你是有备而来的啊！好吧，你说要我怎么协助吧！"

我告诉刘主席，这次的画展意义重大，需要 60 幅档次和规格都必须很高的中国画，最好每个省都确保一幅，这 60 位画家的政治素养一定要高，最好是老中青结合，而且他们还要一同前往意大利参加画展，这样才能真正体现出"中华盛世"这个主题。

谈到这里，刘大为主席看着我说："台湾画家的画也要参展吧！这个就交给我来安排吧！"他自告奋勇地承担起了这件事情，让我心中充满了感激。

经过严格把关，逐一敲定了 59 幅画，还剩最后一幅，我冥思苦想着，到底还缺什么？忽然，我眼前一亮，农民的画怎么没有呢？中国有 8 亿农民啊！于是，我与刘主席商议，要找一幅关于农民的画。经过努力，我们找到了西安美院的刘永杰教授和他的著名作品《三个农民》。这样，60 幅国家级画家的作品就筹备齐了。

接下来就是到各地去邀请那些画家到画展现场。了解到这次画展的意义后，60 位画家欣然同意，并表示一定会大力支持。现在还剩一个更为重要的环节——裱画。

常言道：三分画，七分裱。高规格的装裱，对于提升作品的品位与价值起着十分重要的作用。当时要求画的规格必须统一成一米方正。但是，时间非常紧迫，而裱画步骤又比较烦琐，这件事情实施起来，的确十分困难。

正当我愁眉不展时，刘主席找到了我。还没等我开口，他就说："你放心吧，我已经帮你找来了中国最好的裱画师，还找了专业人士在现场督察——你怎么能忘了我们美协呢？办活动你在行，画画、裱画我们可是专家啊！"

我长长地舒了一口气："是啊！我怎么就没想到找刘主席您呢？真是忙昏了头！"

在刘主席的帮助下，裱画在最短的时间内以最高的质量完成了，这让我内心的一块石头落了地。接下来，就是办理签证了。这又是一个难题，来自上海、广州、北京等全国各地的60位画家，如果每个人都要面签的话，时间上肯定来不及。于是，我们便跟意大利驻华大使馆反复沟通了几次，希望能集体签证，但他们坚持一定要面签。

□ 刘永杰教授的《三个农民》在画展上让世界各国的艺术家叹为观止

画展的时间渐渐逼近，我们的画家却拿不到签证，时间紧迫，我又被推到了风口浪尖上。我忧心忡忡地拨通了孙大使的电话，得知我这边受到了阻碍，孙大使告诉我说，可以通过外交部进行外交照会解决。经由孙大使联系，我和外交部进行了紧急沟通。外交部也很支持我们办这次画展，于是由外交部出面，与意方进行深入交涉后，他们才终于同意为我们办理集体签证。

可集体签证办起来也并非是一件容易的事，因为按照要求，所有画家的所有证件都必须统一盖有官方章印，证件上必须配有近期照片，格式不对还必须重新再照……那几天，我每一天都像在闯关一样，一颗心总是悬在半空中，生怕哪个环节又出现什么问题，造成无法想象的后果。

功夫不负有心人，经过我们的不懈努力，所有的问题最终都得以顺利解决。直到人和画都上了飞往意大利的飞机，我心中的这块大石才算彻底落了地。

展品被扣，画展告急

抵达罗马后，我又忙着安顿画家们的住宿，还没等坐下来休息，手机铃声便响了起来。我接起电话，耳边传来负责送画展作品的郑夏焦急的声音："陈总，我们的画被扣了。"

画被扣了？！我大吃一惊，但是旁边有很多老画家，我不能让他们受到惊吓，于是我快步走到大堂外："到底怎么回事？别急，慢慢说。"

"意大利海关问我们要这些画的估值，说没有估值就不能提画，怎么办啊，陈总？"郑夏的声音已经有些颤抖了。

已经是 6 月 28 号了，离画展开展还有 5 天的时间，时间本来就很紧迫，而布展也需要时间，这可怎么办？没有展品是要出大问题的！一时间，我也慌了。

"你先在那儿守着，我这就过去！"匆匆回到房间，我强作镇定地交代了一下接下来的事情，然后冲向停车场，开着车飞也似的奔往机场。

车子在马路上疾驰，此时的罗马正是绿树成荫、鲜花如海，我却没有任何心思去欣赏窗外的美景。到了机场，看见红着眼睛的郑夏，我只是拍了拍他的肩，却不知道该怎么安慰他，因为对接下来的事情，我心里也没有底。

这段时间不只是我，我身边的工作人员也跟着我奔波了很久，他们为这件事情都倾注了大量心血，像我一样期待着画展能够成功举办。可是，现在出现了这样的事情，别说他们受不了，我自己也无法接受。只是，我不能表露出来，如果我先倒下，那他们就更不知道该怎么办。

我去跟海关人员进行交涉，可是不管我怎么解释，他们的答复始终都是：没有对这些画进行估值就不能运走，这是规定！我反复地强调这次画展经过两个国家的外交照会，是意大利政府同意了的，我努力地寻找着可以让他们放行的一切理由，可是磨破了嘴皮，最终得到的还是一个回复——没有估值，不能提画。

我急得像是热锅上的蚂蚁，海关人员照旧一副不急不慌的样子，我也不知道从哪里来的火气，冲着海关负责人吼道："7 月 3 日就是画展，你们不给画，我们怎么办啊！"

通过这件事情，我也明白了一个道理，一个人想要成功，最大的挑战并不是行程中的艰难，而是达成目标最后三分钟的坚持。

交涉无果，我怏怏地走出机场海关，身后的郑夏更是垂头丧气、万般无奈。我只好又拨通了孙大使的电话,可是连续拨了几遍,电话都一直占线,我感到整个人都要崩溃了。放下手机,我疯了似的拽开车门,没有理睬郑夏的叫声,用力一踩油门,一个急转弯,冲到了大马路上。

到了大使馆门前,连车门都没顾得上锁,我径直向孙大使的办公室奔去,看着气急败坏的我,孙大使温和地问道:"怎么了?""海关不让我们提画,说是没有估值,意大利这边不都同意了吗?画家都还在酒店等着呢,怎么办呀?"我无奈地说。

孙大使不愧久经磨砺,听了我的话之后竟神色未变,慢悠悠地咽下一口茶,他的下巴微微上扬,示意我坐到他旁边的椅子上:"田忠,你已经做了很多事情了,这件事就交给我吧!这样,你先回宾馆等着,我这就派参赞和政治处主任过去协调,保证把画提出来。"他拍拍我的肩说,嗓音浑厚而坚定。

自己认为天塌下来的事情到了孙大使这儿,竟然如此轻松地就能解决,我有点儿不敢相信。但毕竟得到了孙大使的保证,我悬着的一颗心也缓缓地放了下来。

回到宾馆,接下来就是焦急地等待。直到晚上,才接到孙大使的电话:"田忠,手续办好了,你们明天去取画吧。"

谢天谢地,总算没白等!我高兴地攥紧了拳头,在胸前挥舞了一下。

第二天一大早,我们就来到海关,通过大使馆的交涉,加上外交部的外交文书,意大利海关终于同意我们先提画,但是他们也提出了一个苛刻的要求:必须交一笔巨额押金。

我赶忙叫上郑夏和另外几名工作人员驱车前往机场,交完押金之后,取出了被扣的 60 幅画。就这样,经历了许多波折,所有参展的画就如同闯关一样终于在最后一刻成功地回到了我们手中。

画总算是取出来了，剩下的任务就是将这些画完美地呈现在胡主席和其他12个国家元首的面前，呈现在整个罗马人面前，呈现在整个世界面前。

轰动 G8 的"中华盛世"

黎明的曙光驱散了暗沉的夜。意大利首都罗马风和日丽，这座艺术宝库、文化名城依旧散发着格外迷人的魅力。一夜未眠，我站在窗前静静地望着远方，时间在一点点儿流逝，我也慢慢紧张起来，因为再过几个小时画展就要开始了。

□ 在为"中华盛世"国际画展致辞时，我难以抑制内心的激动

2009 年 7 月 3 日，罗马市著名的五星级大酒店 HOTEL MBASCIA-TORI 的会议大厅，"中华盛世——庆祝中华人民共和国成立 60 周年暨中意建交 39 周年主题国际画展"在中国驻意大利大使馆政治部干部洪申的主持下，正式拉开了帷幕。

中国驻意大利大使馆大使孙玉玺、中国驻意大利大使馆领事孟凡宇、意大利内政部公共安全局米歇尔先生、意大利 TOSO 酒业集团 CEO 以及许多的意大利政商界要人，都来到了画展的现场，同时，我们还邀请了很多意大利华侨代表以及媒体人士。

中华人民共和国驻意大利大使馆孙玉玺大使饱含深情与自豪的开幕致辞，令现场响起一浪高过一浪的掌声。60 幅彰显祖国悠久历史和深厚文化底蕴的经典艺术画作闪耀当场。看着人头攒动、热闹非凡的场面，我真的体会到了"艺术无国界"的深刻含义。

所有致辞、发言以及剪彩仪式结束后，开幕式正式开始了。我和孙玉玺大使、杨雁雁主任等一起为画展开幕式剪彩。在手握剪刀剪断彩带的那一刻，我的心中升起巨大的喜悦与自豪。

画展开始后，我也担当起了解说员的工作，义务向嘉宾们介绍画展中的部分作品。我看见一位挂着拐杖、白发苍苍的老人正驻足在刘永杰教授的画作《三个农民》前。

原来是洪伯——一个意大利的老华侨，我赶忙上前招呼他。洪伯抬了抬鼻梁上的那副老花镜，激动不已地拉着我的双手，略带哽咽地对我说："田忠，你干得好啊！你做到了我们这些老华侨一直没有做到的事情，你是我们所有意大利华侨的骄傲啊！"

看着洪伯满是激动、感慨、欣慰的双眼，我的眼睛酸酸的，对于华侨的心，我十分理解，因为我也是一位华侨。这不仅仅是一次画展，也是许许多多华侨的梦！

画展期间，我被告知胡锦涛主席将于 7 月 6 日下午，在意大利罗马 WESTIN 酒店接见意大利华人代表。作为"中华盛世"国际画展代表团的团长，我有幸参加。对前往 WESTIN 酒店受接见的每一个细节我都反复地核查与落实，确保万无一失。

□ 通过"中华盛世"，我与刘永杰教授成为了挚交

意大利罗马时间 2009 年 7 月 6 日，我们一行人来到了 WESTIN 酒店，准备接受国家主席胡锦涛的接见。

等候的过程中，我认真地理了理身上穿的那套深色条纹西服，正了正那条红色的领带，看了看身边的团友，感受着四周戒备森严的气氛，内心中充满了期待。

当我的双手与胡主席的双手紧紧相握时，当胡主席用温和的声音说"你辛苦了"时，我感到了一种巨大的鼓舞，这更加坚定了我心中的信念，那就是，在今后的日子里，我要尽最大的努力，做更多有益于国家和人民的事情！这也将成为我今后人生的重要使命！

"中华盛世——庆祝中华人民共和国成立 60 周年暨中意建交 39 周年"

国际画展取得了空前的成功，受到了国际社会的高度赞扬，同时也很好地促进了中意两国文化艺术的交流。在结束罗马画展后，我迅速将这60幅画作安全地运回了国内。同时，2009年7月18日意大利"中华盛世"国际画展中国联展暨珠宝、TOSO酒皇、教育艺术鉴赏会在上海科恩国际中心大厦4楼隆重举行。此次画展是继"中华盛世"国际画展在意大利罗马成功举办之后，举行的又一次具有深远意义的美术展览。这次联展在国内同样引起了巨大的轰动，吸引了来自世界各地的艺术爱好者。很多人说，能够欣赏到中国国家画院的馆藏作品，能够亲见刘大为、杨晓阳等艺术大师的经典作品，实在是太难得、太荣幸了！而我也因为这两次画展的成功举办而感到由衷的高兴与自豪。

带着"为国家、为人民作更多贡献"的使命，我将继续向前迈进！

第十一章

转型与创新

　　思路决定出路。在"互联网+"时代，在教育部"211""985"名校有部分可能要转成做职业教育的大背景下，转型与创新是教育国际化的唯一出路。

继续向前——与高校合作

行驶在宽阔的马路上，车窗外是鳞次栉比的高楼大厦，一栋一栋如同巨人一般耸立在首都这座繁荣的城市之中，散发着无穷的活力与精神。尽管距离那场世界范围的金融风暴并不遥远，外面的一切却仿佛看不到其所带来的影响，这可以说是一个伟大的奇迹；同时倒逼我们的国家加快推进转型升级的前进步伐。

能够身处这样快速发展的大时代中，我感到无比的兴奋。转型意味着有不足，有不足意味着大有可为。从我所从事的教育行业来看，中国的教育产业有着很大的提升空间。国家提出了创新型经济的发展思路，教育显然是重中之重，我时刻准备着为此奉献出自己的一份力量。

2011 年 2 月 20 日，为全面贯彻落实《国家中长期教育改革与发展规划纲要》，大力发展职业教育，加快高技能人才培养，提升职业教育科研水平，在教育部领导的提议和推动下，在人力资源和社会保障部等相关部委及社会各界的大力支持下，北京师范大学国家职业教育研究院成立大会在北京举行，这是国内首家开放式职业教育高端研究平台，也是首家由教育部与人力资源和社会保障部等多部门共同支持建立的国家职业研究院。

对于这一消息，我认为这是我实现推进教育发展愿望的一次机会，于是，经董事会商定，EEC 欧文国际教育集团有限公司决定与北京师范大学国家职业教育研究院合作，开展"高技能人才培养国际化项目"。

□ 我代表 EEC 欧文国际教育集团有限公司与北京师范大学签署了合作意向书

在我看来，国家职业教育研究院必将成为中国创新型人才和原创设计人才的重要孵化基地，并在未来为教育行业的整体转型提供坚实的支撑。

事实上，与高校合作的想法早在 2009 年就有了雏形。当时，温总理接见了我，并对我说："田忠啊，国家需要高技能和创新型人才，这对新时期的发展至关重要，希望像你这样的教育界人士能够积极地站出来，为祖国国际教育方面高技能、创新型人才的培养做些工作。"

听了温总理的话，我备受鼓舞，我想，要培养创新型人才和原创设计人才，自然应该将目光投向世界，其中，我所待过的意大利在原创设计和时尚产业上有着非常丰富的经验和资源，值得我们去学习。作为有着相应资源和能力的爱国人士，在为经济转型结构调整、转变经济增长方式培养具有国际视野的创新型人才这一点上，理当为此做些什么。

在我为了项目四处奔走的时候，有人曾问我："'高技能人才培养国际化项目'的宗旨与特色是什么？"

我郑重其事地回答道："自然是要根据国家行业振兴发展规划的需要，充分发挥北京师范大学多学科的特色，以及行业的人才和技术优势，引入国际相关行业的优质教育培训资源，包括师资课程、教学方法等，培养一批具有国际视野，掌握当代产业发展新工艺、新技术、新知识的高端技能人才，促进行业高技能人才培养培训的国际化，并且按照国家有关规定，联合开展与国外高等学校合作的学位教育。"

另外，这次合作项目在推行上还有着更多的考量和意义。

首先是可行性上的考量。

国家在北京师范大学成立了一个国家职业教育研究院，是要推动高技能人才培养的，因为北京师范大学本身就是一个综合性很强的大学，它培养了很多优质的师资力量，所以教育部把这个项目放在北京师范大学里面，是高瞻远瞩的。

而我所创建的教育集团只是跟国家职业教育研究院合作一个项目，也就是"高技能人才培养国际化项目"。这是因为集团在英国有 50 所大学，意大利有4所大学的合作资源，包括都灵理工大学、米兰理工大学等。其中，都灵理工大学是新能源汽车研发中心，米兰理工大学则是服装、建筑比较有名。

依托国外这50所大学，就可以把它们培养高技能人才的专业课程引进来，加以国际化，培养出具有全国标准、世界一流的人才。

然后是项目推行之后结果上的考量。

我一直认为：通过职业技术学校拿到的学位应该也被教育部认可，甚至要被社会所认可。

要知道，国内与国外的教育体制是有很大区别的。在国内，职业技术学校总会被认为是只有差生才会上的学校；而在国外，职业技术学校的学生实际是与接受高等教育的大学生一样，是享有获得本科、硕士、博士学位的机会和资格的。

换句话说，国外的教育更注重人才与社会需求的结合，也更注重学生创新能力和社会实践能力的培养，而这，正是我们国家实现转型所重点需要学习和研究的。

令人可喜的是，国内认识到这一点的人越来越多，并且很多都具备相关的推动能力。

此后，国家职业教育研究院的模式开始向更多的高校扩散，其中包括了清华大学、北京师范大学、上海交通大学、上海外国语大学、北京语言大学，以及天津、苏州、浙江、湖南等地的院校。

这些学校的许多同学都对新的模式表示了很大的兴趣，我随机找到了其中的一个高姓同学问道："你是如何看待新的职业教育模式的呢？"

高姓同学热情洋溢地告诉我："这个项目是教育部批准的。学制时间短，文凭含金量高，国际认可，国家认证；项目学术标准严格遵照QAA质量体系监督，获得英国大学认可，并且教学团队都是由中外教授、专家联合组建，根据学生基础搭建优质教育体系，促进学生英语水平提升教育，帮助学生达到英国大学录取标准，并保证学生在赴英后对课程内容能够充分理解；该项目会根据每个学生不同的学习经历、专业背景和语言能力，以模块化的课程设置为不同学习基础的学生定制个性化的培养方案，按照模块和学分灵活收费，保证项目学习的有效性和灵活性。除此之外，项目还积极坚持理论学习与实践技能相结合。"

高同学还表示，他和很多身边的朋友、同学都已决定参加这个项目。

听了高校学生的现身说法，我知道，自己的努力是卓有效果的，所推行的合作模式也是走在正确的道路上的，对于这条道路的未来，我深有信心。

亚洲教育论坛年会

2014 年秋日的某一天，我收到了一份邀请，是来自于亚洲教育论坛年会的。因为这一届亚洲教育论坛年会将在中国举行，其中关于教育国际化的议题是会上的热点，希望我能够代表 EEC 欧文国际教育集团在会上与众多来宾进行深入探讨与交流。

对于这份邀请，我是怀着期待和喜悦的心情答应下来的。

教育国际化是一项庞杂而长久的任务，绝非靠某一个人就能推行成功的，需要许许多多有识之士的共同努力。

自从与国内众多高校的国际职业教育研究院合作以来，在教育国际化和培养创新型高技能人才上，我和我的集团着实埋头苦干了好几年，积累了不少经验，也遇到了很多问题，能够参加亚洲教育论坛年会，相信在与其他教育界同人的交流中，一定能够获得不少的收获，从而在将来的道路中走得更加的顺畅。

2014年11月1日下午，我怀着激动的心情来到了成都锦江宾馆，亚洲教育论坛年会参与人数最多的分议题——国际合作与民办教育新格局论坛就在这里召开。

来自世界各地的学者专家以及民办教育领域的代表参加了此次论坛，对当前教育国际化大背景下，民办教育在国际合作进程中所面临的机遇与挑战做了深入的思考与研讨。

本届年会的主题为"教育·社会·创新"，充分体现了当前时代赋予教育者的历史使命。

国务院国家督学、全国工商联民办教育出资者商会执行会长邬旦生主持论坛，随后，全国工商联民办教育出资者商会会长张杰庭开篇点明这次论坛的举办意义：暨介绍民办教育国际合作的成功经验，讨论民办教育国际合作定位和模式，研究民办教育国际合作存在的问题和解决的途径，给予民办教育更多的支持，从而在民办教育合作的领域中通过工商联搭建一个信息交流的平台、合作的平台，一个在国家政策支持下的国际合作的平台。

中国教育学会会长、中国教育国际交流协会副会长钟秉林则针对目前国内教育国际化内涵不清、重点不明的问题，对推进教育国际化战略思维，厘清内涵，抓住重点的思路做了梳理，并对民办教育的国际化提出了中肯的建议。

国家教育咨询委员会委员、中山大学书记李延保先生对独立学院管理和发展所存在的困惑和困难做了详尽的分析，他指出，独立学院是中国大众化高等教育体系的重要组成部分，需要通过政策和法律，认真地区分营利性和非营利性两类不同学校，分类进行定位管理，使每一类的学校都有更好更合理的发展空间。

国外的嘉宾代表也做了精彩的发言，美国国际教育领袖基金会主席、美国助理教育部长张曼君期待中美之间有更多的教育交流合作，世界联合学院教学副院长伊恩·格恩厄姆则提出了教育的"公共服务精神"，通过介绍世界联合学院的经验，倡导教育应从这个立足点出发，促进人与人之间关系的联结。

······

我在台下听着这些杰出的教育界人士的精彩发言，深深感受到了他们对教育事业的赤诚之心，也从中得到了很大的收获，这些年自己在教育国际化上面所吃的苦头也不再被我放在心上，因为吾道不孤。

大会召开不久之后，有人趁着间隙对我说："田忠，我听说你和你的集团在教育国际化上开展得比较早，几年下来更是积累了不少经验，为什么不上去给我们讲讲呢？"

我看着他人殷切的目光，点点头说："我的确有不少话、不少的问题想要和大家说，既然提了起来，等会儿我就上台讲一讲，和大家共同探讨一番。"

此时，我有一种强烈的欲望，想要将自己的经历和思考全部宣讲出来，不仅仅是分享自己的教育国际化经验，也是寻求与他人一起探索、共同进步。

很快，我就打好了腹稿，做好了演讲的准备。在周围人期待的眼神中，我满怀激动地走上了论坛年会的讲台，开始了我的演讲。

□ 我在 2014 亚洲教育论坛年会上演讲

"相信很多人都看过新闻，教育部'211''985'名校有部分可能要转成做职业教育了，这应该是教育界的一个大地震，所以我今天要讲的是高技能人才培养国际化项目。"

台下的一些细小的嘈杂声音消失了，大家聚精会神地看着我，听我继续往下说。

"今天和国内外著名的教育家以及各教育领域的企业家，通过关于国际教育合作与民办教育新格局的体会，我想到这样对于我们在座的每一位代表都是一次难得的机会，今天就是职业教育发生重大变化的时间，就高技能人才培养国际化项目，我谈一下我的想法。"

我看到台下一些教育界的前辈向我微微点头，鼓励我继续讲下去，我便接着说道：

"首先，何为职业教育。所谓职业教育，就是指受教育者获得某种职业，或者是生产劳动所需要的职业知识、技能和道德的教育，其目的是培养具有一定文化水平和专业知识技能的劳动者及应用人才。"

我看到台下频频有人点头，便接着往下说。

"与普通的教育和成人教育相比较，职业教育更注重实践技能和工作技能的培养，职业教育是我国教育体系的重要组成部分，但是我国职业教育有其自身特点。"

听到这里，大家纷纷坐直了身子。

"最主要的特点就是高端技术人才匮乏和与市场不对口。据经济研究报告指出，职业教育低端化造成技术人才的短缺，每年需要补充 8.7 万人次的技能和高端复合型人才，目前国内高职培养的学生、毕业生也无法满足日益增长的国际化发展对技术技能型人才的需求，而职业教育培养的目的就是造就面向生产管理和服务第一线的高素质劳动者和中职技术型人才，到 2015 年全国技术劳动者总量要达到 1.25 亿人，未来十年我国需要培养高技能人才和管理能力的复合型人才要达到 3400 万人，其中具有高级职称的人数不少于 15 万人，而当前这个数字还不到 500 人，可见目前阶段的任务是紧迫的，目前很多职业院校不能同时颁发普通高等院校的学历证书和高职院校的证书，严重影响了职业学校毕业生的就业，导致很多高中生因学历或者职业资质问题被 500 强企业拒之门外，那么，究竟是哪些因素制约了当今高职教育的发展呢？"

"第一，经费投入保障体制仍是主要因素，高等学校宏观管理体制的比例达到 34%；第二，考试招生录取制度是制约高等职业发展的最大障碍，据相关调查显示，就高等职业教育的发展而言，目前一些制度和政策面临的改革、调整和完善的空间，这些制度包括考试招生录取制度 61.4%，企业用人制度 57.4%，工资分配制度 21.8%，人士分配制度 32.7%；第三，人才培养模式单一成为影响自身发展的因素，本次调查数据显示，就高等院校自身来说，当前影响其发展的主要方面，有定位不清、办学思想不正确及专业课程设置不合理等，另外面临缺乏适应高职高专特点的双师型教师，还存在人才培养模式单一、缺乏实习基地的问题；第四，就业观念陈旧是影响高职学生就业的主要因素，在各种因素中，院校方面代表认为居于前两位的因素分别是学生的就业观念和个人的期望，最后才是人才市场、创业环境及用人观念的不成熟。"

说到这里，我停顿了一下，等到大多数人重新露出期待的眼神后，我继续讲了下去。

"目前中国职业教育正处在蓬勃发展阶段，在校学生总数已达到 3300 万人，职业教育在政府和各行业的推动下，培训了全国企业职工和下岗职工 9000 万人次，以服务为宗旨，以就业为导向，改革发展职业教育已成为当今社会的共识。30 年来，中国职业教育共为国家输送了 1 亿多名高素质的劳动者和技术技能型人才，职业教育的改革也在不断地适应新变化，不断地调整职业政策，所以中国的职业教育有着巨大的发展潜力，职业教育的发展，也将极大提高中国劳动者的素质，明显改善中国从业人员的结构，有利于支持中国社会主义现代化的建设，实现伟大的中国梦。"

我描述了中国职业教育的现状，展望了教育国际化的发展前景，接下来向与会者讲述了自己的教育国际化经验。

"作为引进英国教育的第一个机构，EEC 一直致力推行英式教育，是以英式精英教育为理念的一个国际化教育机构，更是走国际化办学机构最早的机构，EEC 欧文上海经济学院同时将意大利的魅力以及文化与英式教育、美式现实主义等融合在了一起。"

"我们一直实行国际化小区概念，在罗马、米兰、纽约、上海、北京等建有合作和独立小区，现在我们将英式高等教育与中国高职中职相结合，我们正在推进高技能人才培养项目，我们在浙江、江苏、天津以及河北石家庄进行试点。高职职称硕士是教育部重点推进的，面向高职中职本科学生，在'十二五'规划教育改革背景下，由EEC欧文学院与高职院校计划内学校开展合作，进行技术技能型人才的培养。"

"根据EEC欧文国际国内合作的标准，上海交通大学、上海外国语大学，都和我们有合作，由欧文提供的课程，英式教育的体系和课程。我们知道亚洲教育论坛是国际高端会议品牌，充分发挥自身同国际优势教育资源密切联系的优势，努力帮助国内教育机构同国外教育机构开展教育相关方面的交流与合作，为我们同亚洲各界交流、教育发展的目标，教育国际合作创造平台，也帮助企业提高自主创新能力，为亚洲制造平等的对话平台。"

我的演讲至此结束，台下响起了热烈的掌声，我不断地对众多教育界的同人致谢，并和他们合影留念。

在这一次亚洲教育论坛年会中，我不仅获得了许多与教育界同人交流的宝贵经验，而且我还深深感到，当一个人的梦想变成许多人的梦想时，其所带来的共鸣和力量是无与伦比的。

走向更深的国际化

"现如今什么都要国际化，是赶时髦么？"

"教育国际化喊了这么久，难道不应该先立足国内吗？"

"转型、创新肯定需要与国际化挂钩，其中有很多细节需要考虑……"

……

这些年，在教育国际化的进程中，我总会听到许许多多不同的声音，这些声音或许并非为了对教育国际化进行质疑，而恐怕只是对其中的过程存忧。

其实，和许多其他的产业一样，教育国际化也是一个无法回避的问题，关键不在于要不要国际化，而在于怎样国际化。其中，教育领域的高技能人才国际化乃是重中之重。

有人曾问我：咱们现在在做的一个项目叫作"高技能人才培养国际化项目"，那么，国际化高技能人才跟传统的高技能人才的区别是什么？

这个问题不难回答，得先从我国过去的实际情况来看。

我们中国的教育通过改革开放 30 年以后，在本科教育国际化程度上其实已经很高了，我过去有一次在给领导讲职业教育的时候提到过，国内的情况是：好的学生可以考北大、清华、交大，差的学生只能进入职业教育，这就造成了一个落差。

好的学生，毕业后工作到 30 岁或者 40 岁的时候，年薪能够有 50 万 ~ 60 万元，而职业学校出来的学生，将来的年薪却只有 20 万元 ~ 30 万元。这里面很明显存在一个教育结构不合理的问题。

国外的职业教育和中国的职业教育则不同，在国外，职业教育与本科教育是同等的，职业学校出来的学生能够和本科学生一样，可以升成更高一级的文凭。

就这一点来说，目前我们中国的教育还是不足的。

回到刚才的问题，那么，我国此前所培养的便是传统的高技能人才，而国际化的高技能人才就像国外发达国家一样，本科、职业学校的学生拥有同等的上升渠道和地位，我们在向国外学习的过程，也就是人才国际化的过程。

国家这些年一直强调要从中国制造转型成为中国创造，那么，我们现在的中国制造怎么转变成中国创造？显然，这就需要有一批高技能人才了。

如果说本科是研究方向的人才，学生学习出来后可能不一定能做技工，可能不一定能够创新，即使有创新，也缺乏将其实现的能力。

我是意大利的华侨，就拿意大利来说，意大利的乔治·阿玛尼是米兰理工大学建筑设计系毕业的，后来他转学服装设计，成立了乔治·阿玛尼服装公司，然后众所周知，他成为了时尚的标志。如果说我们中国也能够培养像阿玛尼、卡地亚这样的人才出来，每一个行业里面都能够有这样的创新型人才，那么，中国制造升级为中国创造并非难事。

现如今，中国的产业需要创新，创新需要原创设计，没有创新跟原创设计就没有品牌。

过去，中央的一些领导在意大利接见我的时候曾问我："田忠，你在意大利待了这么久，能说说这里的制造产业吗？"

我回答说："意大利人在买产品的时候买什么？买艺术和文化！先说艺术，意大利人制造产品就像制造工艺、美术一样，把产品当作艺术一样，精益求精！所以意大利生产的东西常常成为质量的保证。再说文化，意大利总会给产品上面附加上独特的文化，这一点其他发达国家各有所长，其中法国是浪漫，英国是绅士，美国是创新，那么我们中国是什么呢？单纯的制造！这是值得我们思考的。"

现在我们讲，一定要转变人才培养观念，所以"十二五"规划期间国家对此表示了高度的重视，到目前，整个 GDP 中已经有 4% 将要投入教育，但我认为这个还不够，国外有些甚至都已经到 8% 了。

国家这些年来一直在走城市化、产业化、教育化的道路，可以说，一座城市如果没有产业、没有产业化，那就根本谈不上教育化，这是很简单的道理，若是没有产业化托底，即使教育出来了人才，毕业以后却找不到工作，那这样的教育化便是虚的。

北大有一个教授曾经对我说："现在大学就是一个'养鸡场'，把学生圈在里面，一到毕业将他们放出来，就找不到工作了。"

在我看来，现在的教育应该像英国那样，拥有85万个专业，在他们那里，就等于是终身教育。教育不是阶段性的，应该是终身的。

从事国际教育12年来，我总是会不断地总结和思考。然后我发现，无论如何讨论教育国际化的应该不应该，它都已经坚定不移地随着社会的发展而深入到了我们的生活中。我们国家的教育部也一直强调教育要对外开放。

刘延东曾说："一个大学应该干什么？第一是培养人才，第二要国际化，第三要为社会服务，第四要搞研究。"

其实，我们中国的元素不管在哪个行业都有，如果能把我们中国五千年的文化融入海外文化，也是一种对我们中国文化进行的输出，低龄儿童出国，在国外读初中、高中，就等于是用我们的五千年文化撞击西方的文化，这对小孩的成长还是有用的。

当然，说教育国际化，不光是我们这么做，国外也在这么做，在全球化的时代，很多事情都是双向的。比如，那些发达国家的教育系统也会把中国的文化或者是汉语提上日程，将学习中国的历史等教育融入他们的日常学习，甚至形成一种"中国热"。

正是因为这种双向性，所以，我这些年在推行我们自身的教育国际化的同时，也在做着吸收国外的教育走向国际化，让学生在互换的过程当中进行互动，进行交流，进行文化的碰撞。

如今全球化的程度已经很透明了，在这种情况下，应该在软实力上下功夫，因为硬实力我们已经具备了，我们的外汇储备已经远远超过任何一个国家，所以就要把人才培养出来，人才决定国家走向。

当思考完教育国际化应该不应该之后，自然就要进一步思考怎样做的问题。

首先，要在办学理念上把办出特色和提高教育质量作为最大的追求。特色体现在职业教育办学的各个方面，包括专业和课程设置、教学模式、学校管理和人才规格与质量等，同时还体现在办学的过程之中。因此，在整个办学的过程中，在学校工作的各个方面，都要着眼于办出自己的特色，努力追求个性的最大化。

然后，要充分发挥优势形成特色。各类教育都有自己的优势与不足，在发展中都需要扬长避短。职业教育直接针对劳动岗位的要求来培养人才，职业学校的毕业生在劳动力就业市场更具有适应性和竞争力；职业教育与本地、本行业联系密切，与劳动力市场衔接最紧密，更容易了解和预测市场，能够适时针对市场变化作出反应，提高办学竞争力；职业教育具有自己的专业人才优势、技术优势，能更好、更直接地为地方和行业发展服务，更容易调动地方和行业办学的积极性。这些都是职业教育的优势，我们千万不能丢掉自己的优势，去走普通教育办学的路子。

最后，要通过不断创新来创造特色。职业教育是一个全新的事业，没有现成的模式和经验，与其他教育相比，创新的需要更迫切，创新的空间也更大。包括办学思想和观念、办学体制、管理体制和人才培养模式，以及教学制度都要不断改革与创新。要克服狭隘的职教观，树立大职教、终身教育、素质教育、全民教育思想和观念；要实施多元化的办学体制和投资体制；要建立分级管理、地方为主、政府指导、社会参与的职业教育管理体制；要进一步增强学校的办学自主权，要建立各层次职业教育相互衔接的机制，以及与其他类型教育相沟通的机制；要建立新的职业教育课程和教学体系，坚持产教结合等。

以上便是我常常日夜思想的结果，但一个人的力量是有限的，只有更多的教育人士不断地去思考、去推进，我们国家的教育才能越来越好，国际化道路才能越走越顺畅。

打造云平台　推进"互联网＋教育"

□ 科恩投资集团上海总部

新时代，互联网大潮汹涌而来，跨界融合成为主流，软件与硬件、制造业与互联网、大公司与初创企业，每天都有新合作发生。

我虽然作为教育人士，但仍然时刻关注着国家大的层面上的战略，因为我所从事的教育行业注定与国家的整体运行是分不开的。

过去，从20世纪80年代开始，工业就是中国的骄傲，每年以年增长率远超过10%的速度推动经济发展。直到2010年，中国成为仅次于美国的世界第二大经济体。

当前，中国工业面临着转折和突变，必须进行工业转型才能适应新的形势和环境。而这种转型，突出体现在精致化、高端化、信息化和服务化。所以这些年，我们才会突然感到互联网概念的无处不在。

毫无疑问，中国已经进入信息化时代，无论是网民数量还是网络经济发展的速度，均堪称世界第一。可以说，"互联网＋"在中国的迅猛发展，不但提升了一个又一个传统行业的层次，也给每一个人带来了机遇、希望与挑战。

那么对于中国教育领域，"互联网＋"又意味着什么呢？那就是教育内容的持续更新、教育样式的不断变化、教育评价的日益多元，一言以蔽之，中国教育正进入一场基于信息技术的更伟大的变革。

在这样的形势下，再继续抱着以前的传统教育方式，很可能就会跟不上时代发展的步伐。比如随着互联网的发展，教育产业上有一个概念变得非常火热，那就是云课堂。什么是云课堂？其实就是一类面向教育和培训行业的互联网服务。使用机构无须购买任何硬件和软件，仅仅通过租用网络互动直播技术服务的方式，就可以实现面向全国的高质量的网络同步和异步教学及培训，是一种突破时空限制的全方位互动性学习模式。

这种新事物的出现是以前很多人所无法想象的，和传统教育方式相比，等于坐在家中就能学到自己想学的东西，非常方便和便捷。"云课堂"可以说就是基于云计算技术的一种高效、便捷、实时互动的远程教学课堂形式。通过互联网界面，使用者只需进行简单的操作，便可快速高效地与全球各地学生、教师、家长等不同用户同步分享语音、视频及数据文件。

一场新的变革已经开始，而我们也已经走在路上……

我们应该怎样迎接这场挑战？

作为一名教育国际化的先行者与积极推行者，我认为自己的思维敏锐度还是很高的，也是比较前沿的，所以，对于互联网时代出现的巨大变化，我始终保持着积极的心态，而不是像很多传统行业的人那样或焦虑或恐惧，而是主动投入其中，去探索，去追寻。

自 2011 年以来，我就开始了这方面的尝试，甚至不仅仅是停留在云课堂的层面，而是将这种教育信息化推向了更高的层次。什么样的层次呢？就是搭建了一个欧文智慧云平台，使得教师和学生能够通过欧文智慧云平台，不分时间、不分地点，自由畅通地进行面对面的交互式授课。

相比云课堂，我所探索出来的模式更多了一个双向性的特点。以前的云课堂虽然也是利用互联网，但是仅仅停留在单向性上，缺乏一种互动，对比传统教育的授课，显然就差那么一点儿东西。

但是欧文智慧云平台就不一样了，比如，北京的学生就可以通过这个平台与远在大洋彼岸的美国学生一起，进行互动式的共同学习，这样一来，其优势就变得非常明显了。

具体来说，首先是教育资源在全球范围内的再分配。过去的传统教育，好的老师往往是供不应求的，这导致很多人都无法享受到相对公平的教育。而在信息化时代，通过我们的平台，任何学生都能够享受到世界名师的课程。

这实质是一种颠覆，由互联网移动终端发起的对教育的颠覆。

同时，这种直接而广泛的对接方式也使得教育的成本得到了极大的降低。而且在此过程中，学校本身的信息化程度也得到了提高，也更加适应新时期的新需求。

即使从国家一直所提倡的创新性转型来讲，这种平台模式也是极为有益的。比如一项课题，通过这个平台，上海的学生和纽约的学生完全可以不受阻碍地进行互动式的头脑风暴，在碰撞与交流中，创新自然而然地就出现了。而相应地，通过这种互动，学校也能获得提高，那就是研发能力取得飞速的进步。

当然，新的时期拥抱信息化的重要性不言而喻，但是其中也有着相当多的困难。由于推行这种信息化需要整合许多方面的资源，甚至是跨界整合，不可避免地就会遇到一些固有观念的阻力。

我们通过足足三年时间的努力，整合了国内外 1000 多家名校资源，其中国内名校 400 多家，比如清华大学、北京大学、北京师范大学、北京语言大学、赛尔教育集团、上海交通大学、上海外国语大学等；国外名校 600 多家，比如哈佛大学、剑桥大学、牛津大学、麻省理工大学、耶鲁大学、麻省国际学院等。我们让全世界最优质的教育资源在云端平台实现共享。

EEC 欧文是国际教育的领跑者，开启在线教育革命新篇章。EEC 欧文高清直播互动云课堂，颠覆传统教学模式，全球同步，即时教学，实时互动。涵盖全球 108 个国家知名院校名师高清即时直播课程，全球同步互动教学，网络图片、网络视频、网络音频三位一体，优化课堂教学模式。

这样，学生不出国门就能体验国外一流名校名师教学，并能与国际名师实时进行课堂提问、课堂游戏等视频互动，实现智能化、多样化趣味教学。

□ 学生与国际名师实时进行课堂提问、课堂游戏等视频互动

在硬件配置方面，EEC 欧文高清直播互动云课堂配备电子墙、高清投影设备等世界领先的数控系统以及平板电脑和智能手机，通过教育部赛尔教育 CERNET100G 主干网和中国电信光网实现在线即时直播课程高清！无延迟！最大程度地还原现场教学场景。

最重要的是没有延迟！如今，我们已经有 30% ~ 40% 的课程都放到了互联网上，线下则为 60% ~ 70%。目前已和中国移动、中国电信、长江时代通信达成渠道合作意向，后期全网覆盖全国各地高校学生、教师及其他教育人群，2.6 亿在线用户规模！

尽管过程中有着这样那样的困难，但我和我的教育集团都一步步坚持下来了，这是最值得欣慰的。

总之，当"互联网 +"第一次纳入国家经济的顶层设计时，就意味着"互联网 +"时代的正式到来，教育只有顺应这一时代的需求持续不断地进行革命性的创造变化，才能走向新的境界。

未来，将充满机遇与挑战，请相信，有梦就能实现！

后记：人因梦想而伟大

　　亲爱的朋友，当您翻到这一页时，这本《有梦就能实现》已经接近尾声了，衷心地感谢您能抽出宝贵的时间来阅读本书，同时也真诚地希望我的创业经历能给您提供有益的借鉴与启迪。

　　回首我的人生之路，我常常会有很多的感慨。有时候，我也会反问自己，是什么支撑着我始终饱含奋斗的激情和动力？我想，如果用一个词来概括的话，那应该是——"梦想"！最初，我只身闯荡意大利是因为梦想，回国创业是因为梦想，做房地产是因为梦想，后来办国际教育也是因为梦想。

　　梦想是一种说不清的东西，但它能带给你超乎寻常的力量，让你十年磨一剑，去坚守，去努力。带着梦想去工作，我从未感到过厌倦，相反，我总是能体验到持续的激情和快乐。巴菲特每天早上提着包，是跳着舞去上班的，我能充分理解巴菲特这种快乐的心情，因为我也是如此。在我这一生中，几乎没有哪件事哪个人，能带给我超越工作的快乐和激情。我热爱我的工作，我热爱我现在正在做的国际教育事业。我梦想着有一天，

EEC欧文经济学院能桃李满天下；我梦想着有一天，我们能为祖国培养出更多具有国际视野的高端原创设计人才。我想，这是我一辈子的事业、梦想和追求！

我的朋友，正在读本书的你的梦想是什么？我相信，人是因梦想而伟大的！不管你的梦想是什么，我都衷心地祝福你，有梦就能实现！

最后，在这里我要感谢很多人。

首先，我要感谢我的祖国。我深深地爱着这片充满着勃勃生机的土地，这里不仅是生我养我的地方，同时为我提供了实现梦想的舞台以及挥洒智慧的平台。没有祖国的强大，没有改革开放，就没有今天的陈田忠！

同时，我也要感谢我的家人，他们对我无条件的爱与支持，始终是我心灵深处最大的爱的源泉。他们的包容与理解，是我能够自由自在地去做自己喜欢做的事情、去实现自己梦想的最有力支撑。我深深地爱着他们，并且感恩他们为我所做的一切。

当然，我也要感谢我生命中所有的贵人、领导、老师和朋友，感谢他们给予我的所有支持、帮助与提携，是他们成就了今天的陈田忠！

我也要感谢与我一路同行、并肩作战的科恩集团和EEC欧文经济学院的所有伙伴，他们是真正的幕后英雄，感谢他们所有的智慧与付出！

最后，我要特别感谢北京汇智博文文化传播有限公司，感谢刘志则先生所率领的优秀团队。谢谢他们的真情付出！

同时，我也要真诚地感谢本书所有的读者，谢谢您对本书的支持与厚爱，再次祝福您所有的努力、所有的梦想，都能变成现实！